睡前育心法

〔韩〕李永爱/著

史倩/译

台海出版社

图书在版编目（CIP）数据

睡前育儿法 / （韩）李永爱著 ；史倩译. -- 北京 ：
台海出版社，2021.3（2021.8重印）
ISBN 978-7-5168-2848-9

Ⅰ．①睡… Ⅱ．①李… ②史… Ⅲ．①幼儿教育—家
庭教育 Ⅳ．①G781

中国版本图书馆CIP数据核字（2020）第246424号

著作权合同登记号：图字01-2020-5765

睡前育儿法

著　者：〔韩〕李永爱	译　者：史倩
出版人：蔡　旭	封面设计：灬玖
责任编辑：徐　玥	策划编辑：村上呼怡

出版发行：台海出版社

地　　址：北京市东城区景山东街20号　　邮政编码：100009

电　　话：010-64041652（发行，邮购）

传　　真：010-84045799（总编室）

网　　址：http://www.taimeng.org.cn/thcbs/default.htm

E-mail：thcbs@126.com

经　　销：全国各地新华书店

印　　刷：唐山市铭诚印刷有限公司

本书如有破损、缺页、装订错误，请与本社联系调换

开　本：880mm×1230mm	1/32	
字　数：110千字	印　张：6	
版　次：2021年3月第1版	印　次：2021年8月第2次印刷	
书　号：ISBN 978-7-5168-2848-9		

定　价：42.00元

版权所有　翻印必究

序　孩子真正需要的是什么

24 个月大的秀敏白天不怎么睡觉，晚上也不容易入睡。妈妈一会儿哼催眠曲，一会儿抱着她摇一摇，一会儿又把她放在婴儿车里晃一晃，可孩子仍旧难以入眠。即使秀敏睡着了，听到一点点响声也会立刻惊醒。养孩子真是太累了！

3 岁的艺娜玩耍一整天丝毫不觉得累，到了晚上也不睡觉，不让玩她就闹脾气，最后钻进在客厅搭的帐篷里不出来。妈妈谆谆劝诱："现在该睡觉了，明天还可以再玩呀！"可这并不见效。妈妈关掉客厅的灯假装进了卧室，艺娜一点儿都不害怕。最后妈妈只好狠狠地训她一顿，艺娜哭啊闹啊总算上了床。可看着孩子边睡边抽泣，父母的心情很沉重，生怕给孩子的内心造成伤害。

只要妈妈不在身边，4 岁的小俊就睡不踏实。小俊妈妈反复确认孩子睡着后，刚要起身离开，小俊马上就鬼使神差地睁开眼睛找妈妈。深夜半睡半醒时，小俊也会伸手摸索旁边的位置，确认妈妈在不在。只有妈妈在旁边，他才能安心睡觉。这样的情况反复发生，最后哄孩子入睡变成了妈妈的煎熬。

5岁的小哲很难入睡，妈妈就给他读童话书。可读了20本，他依旧毫无困意，眼睛甚至瞪得更圆更精神了，催促妈妈继续念下去。妈妈给孩子读书读得嗓子都快哑了。

6岁的敏英睡觉时经常说梦话："别碰！这是我的！""讨厌！妈妈！"敏英妈妈担心孩子在外面受了刺激，睡觉前就跟孩子一起躺着聊天，结果敏英每次都会哭着把当天的伤心事细数一遍，导致就寝时间越来越晚。妈妈十分困扰：还要继续这样的深夜聊天吗？

6岁的贞雅因为昨晚做了噩梦，今天说什么也不肯睡觉，害怕又做那种梦。任父母怎样安慰，都不管用。

诸如此类，从业25年来，家长们向我倾诉各种难题。

结婚前，我们在电视剧或电影中看到过许多温馨的画面。荧幕里，孩子们总是穿着漂亮的睡衣躺在床上，妈妈在旁边轻声念着书。孩子很快就入睡了，妈妈面带慈祥的微笑，在孩子的额头印下晚安之吻，然后轻轻关门离开。

看着镜头，我们也期待自己能培养出这样的孩子。但是现实与此大相径庭，结婚生子后，你会发现这样的风景简直是天方夜谭。妈妈整天疲于照顾孩子，一心盼望孩子赶紧睡觉，好让自己度过一个安静的夜晚，可孩子偏偏不想睡。最后终于把孩子哄睡后，天也微微亮了。

育儿的路上每一天都是挑战。它不像做数学题那样，套用一个正确的公式就能解出答案，在育儿这件事上，有时候谁的建议都行不通。父母为此烦恼不已，甚至曾有一位母亲哭诉："这是我人生中遭遇到的最大的难题，以往从没经历过这么大的挫折，育儿真的很难得心应手。老师，我感到非常挫败。"

其实，抚养孩子时，只有体验到养育效能感："啊，原来我这样做，孩子就会变得不一样。"父母才能更有信心和斗志。如果经常产生挫败感："到底让我怎么办啊？为什么这么难？"育儿压力指数就会上升。最后你会对自己身为人母的角色产生怀疑："我没有资格当妈妈！""还不如出去工作呢！"更甚者，你会对孩子彻底失望。有位母亲曾哭着说："上辈子我是造了什么孽呀，竟会生出这么个熊孩子！"

大家听好了，遇到棘手的问题时，我们首先要考虑孩子的立场，而不是我们自己。妈妈都感觉到困难了，孩子心里又能多轻松呢？每个孩子都在为了生存而挣扎。你要通过孩子的反常行为，理解他们行为背后想传达给妈妈的信息。

孩子年幼时、长大后，都会随着成长期的不同，经历很多困难，困扰着无数父母——两岁前，大部分孩子都会出现吃不好、难入睡、经常哭、大小便不能自理等问题；两岁之后直到上小学前，大部分孩子又会出现使小性子、坏脾气、坏习惯等问题。

好在如今有很多的育儿节目和育儿书，向父母传授各种经验，所以父母也都很重视孩子的"情绪"。此刻正在读这本书的父母，应该也是这样吧。

但是孩子一上小学，情况就发生了突变。从前父母经常会询问孩子"过得怎么样""伤心了吗"，努力读懂孩子的内心；现在父母从早到晚大部分时间都在关心与学习相关的话题："学习了吗？""做作业了吗？""补习班顺利吗？"结果，在这场角力赛上，父母与孩子两败俱伤，不仅孩子难受，父母也会"生病"。

白天父母和孩子各忙各的事情，等到晚上反思"今天和孩子做了什么"时才发现，虽然自己好像有模有样、很认真地辅导孩子，其实并没有静下来用心交谈过。

孩子真正需要的是什么？最能让孩子感到幸福的是什

么？答案是和父母的友好关系。孩子只有在和父母交流时，才能真切地体会到父母对自己的关心和爱护。

白天太忙而错过了这样的交流怎么办？别急，你还有更好的机会。人类最真实、最放松的时间是夜晚，如果能很好地利用这段时间，就可以帮助孩子排解白天所积累的压力。

如果你还在抱怨孩子不爱睡觉的话，那么从现在起，把睡前的这段时间打造成孩子和父母一天中最幸福的时光吧！下面，让我们一起去探索这个神奇的方法。

提示

· 本书所使用的年龄为周岁。

· 第 5 章和第 6 章讲述的交流方法需要每日实践，孩子会在妈妈的关爱下变得更开朗、更平和。

目录
contents

第1章

如何和孩子共处

第6章

不同性情的孩子，不同的睡前 15 分钟

第 7 章

培养父母的角色自信

尾 声

和孩子一起整理幸福的一天

第1章

如何和孩子共处

如果有人每天都用眼神、行动和语言告诉孩子"你无比珍贵"，孩子会怎样呢？当切身感受到父母全心全意陪伴在自己身边时，孩子的情绪就会变得很稳定。

我们人类与动物不同。通常来说，孩子的依赖期特别长，如果没有人照顾，他们无法在这偌大的世界中生存。当孩子不被照料，他们发现自己根本无法独立面对衣食住行等问题时，他们的内心会被一股无力感包围。

孩子需要很长的时间才能从这种无力感中脱身，培养出独自应对和解决问题的能力，完成自己生而为人的任务。在这段时间里，能让孩子健康成长的力量来自"共处"。而与孩子接触最多、最可能和他们"共处"的人，便是父母。

但是，当孩子开始上幼儿园时，父母要双双奔波于职场，或者家务事繁多，想把精力完全集中在孩子身上并非易事。撇开各种理由不说，每天24小时都和孩子在一起也是不可能的事。

这时候，"共处的质量"比"共处的时间长短"更有意义。回想一下你和孩子共处的黄金片刻吧，那简直就是和孩子进行深入互动的"维生素时间"。那么，什么时候我们才能完全专注于对方身上呢？答案当然是"缓解了一天的紧张情绪、每个人都很平静"的睡前时刻了。

如果能在睡觉前弥补白天缺失的互动，父母和孩子都能朝积极的方向成长发展，孩子的心态也会得到很大的改善。

对世界和父母产生信任

> 我们是双职工家庭，迫不得已一直将孩子寄养在爷爷奶奶家。直到生了老二后我才辞职，把哥哥带回身边抚养，这时他已经 3 岁了。可能是因为这样吧，晚上睡觉的时候只要我看向弟弟或者跟弟弟说话，哥哥就会发脾气，非吵闹着要我朝着他睡。每天晚上都会这样折腾一番。我也很心烦，可又觉得孩子很可怜，心情十分复杂。

来，想象一下，当你睁开眼睛，突然发现自己孤零零一个人来到了语言不通、谁都不认识的陌生国度。这时候你最先涌上来的是什么情绪呢？没错，是不安。我们不知道接下来会发生什么事，会不会遭遇不测，这种未知感让我们不安、恐惧。

这时，突然出现一位和蔼亲切的好心人，给你吃、给你穿、给你温暖和安慰，还教你接下来如何应对，你会怎样想呢？"啊，得救了！"这就是安全感。只有当你确信自己是安全的，外物才能走进你的视野，景色才能映入你的眼帘，而你也会鼓起勇气，愿意去相信别人。

我们的孩子正在经历这件事。

突然有一天，被从"妈妈的肚子"这个安全空间挤出去、硬生生来到外面世界的襁褓婴儿，如何适应新的环境活下去？首先他们需要信任照顾自己的人。与照顾自己的人形成强烈的情感纽带，称为"依恋"。为了形成更健全、更良好的依恋关系，母亲或孩子的主要养育者必须多和孩子"共处"——不仅是身体的陪伴，心灵也要相依。

此外，父母对待孩子的态度也要尽量一致，有章可循，这样孩子才能预测"接下来会这样""等一会儿会那样"。也只有当他们能做出这种合理推测时，孩子才会坚信自己可以控制环境，而不是受环境摆布。

和主要养育者形成健康的依恋关系后，孩子对其他人也能建立正常的依恋关系，对社会产生最基本的信任。

很多电视剧的女主角都是人穷志坚，面对逆境迎难而上；而富有的女二号作为反派总是不辜负自己的人设，骄横多疑，不断使绊子让女主角陷入困境。从依恋的角度来看，女主角和主养育者结下了良好的依恋关系，她凭借这种力量去信任世界，向上生活；而折磨女主角的二号人物则没有健康的依恋关系做基础，对世界、对自己都缺乏希望与信任。

让内心幸福起来的力量——自尊

最近，我们家泫雅意志很消沉，每天睡觉前必问："明天是去幼儿园的日子吗？"我回答："是。"她就表现得很抗拒："不去行吗？我要在家里玩。"有一天，孩子睡前又问了同样的问题，我便反问她："为什么不想去幼儿园呢？"她答道："朋友们不带我玩。"后来跟幼儿园老师沟通后得知，泫雅更多的是听从朋友们的建议去做事，没有自己的主见。稍微有一点儿难度的事，她就不想做，说自己没有信心。孩子为什么会这样呢？

如果有人每天都用眼神、行动和语言告诉你"你无比珍贵"，你心里会怎样想呢？当你努力在做某件事的时候，有人不去评价你做得好与坏，而是更重视过程，指出"你正在思考怎么做吧""这样行不通，所以你正在想别的方法吧"，这时，你对自己的能力又有怎样的想法呢？

在这种模式下长大的孩子，即使尝试某件事失败后，也不会产生天塌了一样的挫折感或绝望情绪。他们不会因为一点点的不如意，或者受到别人的负面评价就讨厌自己。这就是指引我们走向幸福的内心的力量——自尊。

自尊不是天生的，而是在与父母的融洽共处中形成与发展的。父母和孩子共处时，时不时体贴地说一句"不错呀"，用心去倾听孩子的心声，孩子就会领悟到"我非常珍贵，所以父母才这样对待我"。

那么父母与子女相处最自然的时间是什么时候呢？早晨？中午？傍晚？睡觉前？这些时间里哪个时间段是双方都能放下戒备、身心非常舒适的呢？答案自然是躺着翻来覆去、准备睡觉的时候了。

其实大人们白天要做的事情太多，很难全情投入到孩子身上。当孩子说"妈妈，我……"的时候，你可能一边刷碗一边心不在焉地回答"嗯……"；或者一直忙着接电话、回微信，连和孩子对视的时间都很少。

很多有工作的妈妈自我调侃道："下班后再回家上班。"回到家中，给孩子辅导积压的作业，再给孩子洗澡、哄睡，时间非常紧凑。在这种情况下，选一个妈妈很放松、什么都不用做、能全程陪伴孩子的时间，什么时候好呢？当然是睡前了。

　　睡觉前是所有人变诚实的时间。因此，这也是孩子最愿意向妈妈讲述伤心事的时间。妈妈此时也处在一天中最放松的状态，可以说是听孩子说话的绝好时机。

　　在这短暂的时间里，真诚地倾听孩子讲话，从话语中理解孩子的内心，时而为他们愤愤不平，时而鼓励他们不要畏惧失败，这些都有助于孩子自尊的养成。

用语言表达自己的内心

瑞英 6 岁了，常常莫名其妙就气鼓鼓的。本来她玩得很开心，突然就闷闷不乐，一声不吭进自己房间了。我走到床边问她怎么了，她只是说“不知道”。这种日子里睡觉时她总是说梦话。

30 个月大的孩子不会说“妈妈，你教训我时我很害怕”“妈妈，我今天压力太大了，我要泡个热水澡放松一下”之类的话。如果发生这样的事情，那么孩子可能是外星人，又或许是妈妈弄错了孩子的年龄。

孩子越小，感情就越简单，只能感知到高兴、生气等基本的情绪，伴随着成长再慢慢感受更细微的感情。孩子很难察觉到“啊，我是因为嫉妒才掐了弟弟”“啊，我现在因为妈妈只关注弟弟所以生气了，连话都不想对妈妈说”。即使是隐隐约约感觉到了，孩子的语言能力还不够发达，所以无法用正确的句子来表达内心。

因此，"感情"这颗饭粒在没有消化的情况下，最终会因为"腹痛"导致感情的"腹泻"。这时，孩子会用行动来表达没能解决的感情问题，而不是靠嘴说。无缘无故地哭、喊、打、撞等让人难以理解的行为，就是"因为感情的腹痛导致的腹泻"。对这些孩子来说，睡觉前的时间是很好地消化自己感情的好机会。

如果父母能观察孩子的表情或行动，并和孩子的情绪联系起来，去替孩子表达内心，就能让孩子更能理解自己的感情，也能理解自己行为背后的理由。

"妈妈想抱抱你，你不想让妈妈抱，看样子宝贝很生气哟。"如果父母能像这样认真对待孩子的感情，这种关切态度就会慢慢渗入孩子的内心。也就是说，这样的经历会进入孩子的长期记忆存储库，有一天，他会不知不觉躺在床上开始说："今天幼儿园的小朋友不陪我玩，我很难过。"

像这样用语言将情绪表达出来，孩子就不会再以不恰当的行为来宣泄感情了，大人和孩子的沟通也会更加顺畅。孩子也就不会被消化不良的感情所驱使，做出连自己都难以理解的行为。

那么，像这样解读孩子的内心，彼此分享心声的话，是不是选择更安静一点儿的时间比较好呢？这样的交谈，即使时间很短，也能取得很好的效果。与孩子没有任何心灵交流的话，哪怕说教一个小时也没用。还不如静下心来，哪怕只有 15 分钟，努力去理解他们的内心，这样孩子就能很好地控制自己的感情，用语言来表达内心。

培养孩子的共鸣能力

孩子总是招惹快要睡着的弟弟，有时还会把他打哭。教训他时，他反而会生气，很伤心，说我只喜欢弟弟。"弟弟困时把他弄醒，他会很累的""你打弟弟，弟弟会生气的"……不管我怎么说，他都装作听不见。有一天我实在气急了，便狠狠打了他一顿。结果他又哭又闹，说我只讨厌他。有没有办法停止这场每天晚上重复的战争呢？

2010 年 7 月 17 日，韩国《中央日报》刊载了一篇文章，名为《如果不想成为 21 世纪的文盲》，文中写道："20 世纪的文盲是指不识字的人，而 21 世纪的文盲是指不能理解他人的人。"我非常赞同这篇报道。

想要了解自己的心、同时理解他人的心，需要你动用自己的"心灵肌肉"才能实现。这种心灵的肌肉就是"共鸣"。

没有共鸣能力的孩子总是站在自己的立场上思考问题，所以经常会觉得"只对我这样"，进而感到委屈和伤心。这样下去，他就会经常和别人产生摩擦，甚至被排挤，或者出现忧郁等心理问题。

　　预防这种问题的方法就是和父母"共处"。不仅仅是身体的共处，还需要心灵上全心全意的陪伴。白天紧绷的神经和焦急的心情都会在夜晚得到平复，如果你白天实在没有时间与孩子共鸣，那么请好好利用晚上的时间。

　　当然，经过一天的劳累，很多父母都想让孩子早早入睡，好获取一些休息的时间。看孩子看了一整天的妈妈，夜晚时很想一个人静一静，夫妻也可以舒舒服服地聊聊天。这时再让大家睡前抽时间与孩子互动，大家肯定觉得有压力。

　　但是你只需要抽出很短的时间与孩子共处，就能从孩子身上得到满足感，这反而会让你度过更加幸福的夜晚。因为没有什么是比心灵交流更有效的万能金丹了。孩子心里安宁了，也很容易入睡，这真是一石二鸟。

　　那么，到底要怎样利用睡前的时间呢？

　　你只需静静地躺在孩子旁边，看孩子 5 分钟，然后用语言描述孩子散发出的情绪状态。通常情况下，压力大的孩子会在这时对妈妈哭诉一天的辛苦。这时你要好好倾听，然后用语言来调整孩子的内心，并且说给他听："今天朋友打了你，你很生气啊。看来那个朋友得学学不动手、用语言来沟通的方法了。"妈妈的这种态度会锻炼孩子"共鸣"的心灵肌肉。

如果能坚持利用好睡前的时间，共鸣能力就会像毛毛雨沁透衣裳一样沁入孩子的心脾。

和别人建立良好关系

> 　　我很担心我家老二。他上面有一个读小学一年级的姐姐，下面有一个 3 岁的妹妹。我和老公是双职工，平时又要监督姐姐写作业，又要照顾小女儿，不自觉地就疏忽了老二。再加上老二本来就很温顺，看他一个人玩得也很开心，便没有太在意。可等他上幼儿园以后，总是喜欢独来独往，自己玩。这是我过于放纵的缘故吗？之前总觉得孩子不爱惹事，特别温顺，所以很少为他操心。是不是我太粗心大意了？

　　孩子要想在离开妈妈的怀抱以后能够适应外面的世界，就需要学会认可自己的价值，相信别人，妥善管理自己的情绪和行为，善于表达，并用大家都满意的方式来实现彼此的需求。这些能力集合在一起，就是人的"社会性"。

社会性较弱的孩子不愿意和别人共处。那对他们来说是负担、是痛苦，他们总想一个人待着。当然，这些孩子并不是对别人不感兴趣。他们也想和别人亲近，也想被爱、被认可，但是因为一时进展不顺利，他们很容易感到挫败和受伤，因此就会趋向于逃避人际关系。因为他们觉得只要不抱希望、不做尝试，也就不会受到伤害。

但是孩子并不会因为这个选择而变得幸福。相反，他们会变得自闭、忧郁，产生更严重的问题。因为在孩子的内心深处，其实是很想与他人建立亲密关系的，他们这种健康的内心需求总是蠢蠢欲动。而这种忍受人际关系中的小矛盾、与人建立并维持良好关系的力量，根源就在于家庭。

2015年5月1日，《首尔新闻》刊载过名为《2015年儿童幸福指数的国际比较研究》的报道。文章指出，在韩国有14.3%的小学生、19.5%的中学生、24.0%的高中生都曾产生过自杀冲动，而其最大的诱因不是"家庭经济情况"或"学习成绩"，而是"与父母的矛盾"（小学生44.0%，中学生44.4%，高中生36.0%）。可见，我们的孩子最渴望的是与父母保持良好的亲密关系。这样的亲密关系并不是父母给孩子发一波"我爱你"的心电感应就能实现的，而是要靠双方身心的接触和交流，才能形成这种健康牢固的关系。

还有一项惊人的研究结果证明了这种关系的力量。据说，在 20 世纪 50 年代至 20 世纪 70 年代，夏威夷可爱岛的居民大多数是罪犯、酒精中毒者或精神疾病患者。按照过往经验，在这种环境下长大的孩子多少都会存在精神健康问题，我们预测几乎所有孩子的未来都是茫然无光的。然而，对该岛 1955 年的 833 名新生儿从出生到 18 岁为止进行大规模追踪观察后，心理学家埃瓦纳有了意外的发现。在 833 人中有 201 人的实际生存环境极其糟糕，可观察他们的生活面貌后发现，其中 72 人（约三分之一）没有受到这种恶劣环境的影响，反而成长得很优秀。

你一定会感到诧异吧？在那种环境下成长起来的孩子怎么能变得那么出色？这是否很令人费解？其中的秘诀就是最基本层面的东西。那就是，无论在什么情况下，他们身边至少有一个无条件信任并鼓励他们的人。很意外吧？这就是以尊重为基础、不断进行心灵交流的力量。

或许你也想建立这样的关系却不知道怎么做，就算知道了也会因为很忙而很难实践。那么请你好好利用每天晚上的时间吧。

一天结束之际，大人孩子沉浸在一片欢声笑语中，这时孩子的全身细胞都能感受到爸爸妈妈的爱，切身体会到"啊，有人在一起真好""啊，真舒服"，这样他们就可以和别人建立良好的关系。

第2章
为何选择睡觉前15分钟

静静地躺在床上，白天压抑的想法和情绪会涌上心头。这时如果有人倾听、理解和安慰，孩子的心里就会轻松很多。时间不用太久。即使很短暂，只要你能真心聆听他们的内心，就足够了。

　　在人的一生中，睡眠占用的时间相当多。也许你会想：如果把这个时间缩短一点儿，我们也许能做更多的事情；如果孩子减少一些睡眠时间，也能多玩一会儿，或者多学一些，对成长发育也会有帮助。

　　但睡眠直接关系到我们的生命，是我们拥有健康体魄和健全情绪所不可或缺的环节。为了帮助孩子健康成长，一定要保证孩子拥有高质量的睡眠。

　　那么，睡觉前的时间对孩子有什么意义呢？

　　孩子一整天都暴露在外部环境和各种刺激当中，为了适应这些而不断努力。到了晚上，孩子准备就寝，上床休息。在这段时间里，孩子的心里发生了什么事情呢？

　　如果能真正理解孩子的内心，那么睡觉前的短暂而珍贵的时间就不会浪费在"快点儿睡""为什么不睡觉"之类无谓的训斥中了。

舒缓紧张的情绪

> 孩子总是需要很长时间才能入睡。让他回房睡觉时，他只说"睡不着"，然后一直在玩。强制把他带进房间，过 30 分钟进去一看，他眼睛还是瞪得大大的。有时我也会在旁边给孩子唱摇篮曲，可结果总是我先睡着。所以孩子早上总会睡懒觉，去幼儿园也经常迟到。让他睡觉、叫他起床，都是一场斗争。

孩子白天忙着接收和消化各种各样的信息，遇到预想不到的事情时还会产生很大的心理压力，过得十分辛苦。这样忙碌一整天，有时候紧张的情绪还会持续 24 小时，当然就无法入睡了。想让孩子按时睡觉，首先要让他们所有的身体机能慢慢放松下来，不要过度警醒。

白天孩子受到各种刺激而兴奋的大脑一直无法平静，

或者忘不了白天的压力而思绪万千，大脑得不到休息的话，就注定是不眠之夜了。所以要帮助孩子放松下来，让他们睡个好觉。

特别是敏感和挑剔的孩子，他们的警觉度很高，所以很难入睡，即使睡着了也很容易醒来。因此，与孩子一起度过睡觉前 15 分钟的最主要目的，就是缓解孩子的紧张情绪，助力孩子的深度睡眠。

保护孩子远离噩梦困扰

> 　　孩子睡醒后就哭喊着叫"妈妈"。我赶紧跑过去一看，才知道她是做了噩梦。虽然不知道自己到底做了什么梦，但她一直说害怕。"没事，这是梦，不要害怕。"我一边安慰孩子，一边担心她是不是因为压力太大才做噩梦。

　　睡觉的时候，我们的大脑在做什么呢？我们睡觉时一动不动，什么都不做，大脑也静静地休息吗？绝对不是。

　　即使在我们睡觉时，大脑也在努力做自己的事——其中一个就是做梦。那么，孩子的大脑在做梦时会做什么事呢？布兰达·马隆在著作《儿童的梦境》中讲到，在做梦的时候，孩子的大脑里会发生很多事。

　　第一，学习、记忆、注意力、情绪等相关的神经系统会工作；第二，整理当天的活动；第三，构筑长期记忆；

第四，解决问题；第五，为未来做准备。

不觉得很惊讶吗？大脑在做梦的时候竟然还做这么多重要的事情。也就是说，通过睡觉和做梦，孩子的认知和情绪越来越发达。

但是有时候孩子会被噩梦折磨。当梦境太生动的时候，即使从睡梦中醒来，孩子也会感觉刚才的事是真实发生的。所以他们会因为做了可怕的梦而哭泣，也会感到害怕，就像眼前发生了那样的事情一样。

经常被噩梦折磨的话，孩子会越来越难入睡。严重的情况下，他们会因为害怕做梦而耍赖不睡觉。

你是否感到疑惑了呢？到底我们为什么要做梦呢？是什么东西成了做梦素材呢？一般来说，梦的内容来自前一天的经历或睡觉时听到的各种刺激。

大家肯定有这样的经验：当孩子缠着你去超市买机器人，但最终没有买给他的那天晚上，孩子就会在梦里说"这是我的"，甚至早上会喊着"机器人"起床。被骂哭后睡着的孩子会说"讨厌妈妈"的梦话，让妈妈听了之后心里一震。

没错，孩子会在梦境中去实现白天没有实现的遗憾事。还有睡觉尿床的孩子，在那个瞬间，他们在梦里也在舒服地小便。睡觉前在电视上看到可怕怪物的孩子，在梦里也会被可怕的怪物追赶。

不仅是白天发生的事情，还有当下未能马上解决掉而埋在心里的事情、受到高强度压力的事情，都会成为梦的材料。这些事情在梦里通常也会以复杂难懂的内容出现，孩子很难快速识破它们。如果孩子反复做这样的梦，那么应该关注一下他们是否在承受巨大的压力。

在睡觉之前和孩子进行对话真的很适合。孩子在床上一动不动地躺着，就会想起白天经历的事和一直埋藏在心里的事。这时，父母在旁边好好倾听孩子的倾诉，温柔地安慰他们，就能消除孩子的沉重情绪。

这些负面情绪消除后，就不会再以噩梦或复杂的梦的形态出现。睡觉前和孩子度过一段时光，可以保护孩子不做噩梦，让孩子获得高质量的睡眠。

安抚和妈妈分离的焦虑

> 孩子睡觉的时候非得摸着我的头发睡。刚开始只是摸，后来就开始用力拉拽我的头发。有时候非常疼……现在我越来越烦了。

很多妈妈来咨询时会诉苦：不仅是头发，有的孩子还得摸着妈妈的肚脐、耳朵、胸部、胳膊等身体部位才能入睡，一天两天还好，长此以往的话，妈妈就会很生气。一阻止孩子的行为，孩子就会发脾气，会变本加厉缠着妈妈。最后，妈妈要么大发雷霆，要么不作声忍着睡觉。

孩子 3 岁时年龄尚小，这种行为还能接受；到了 6 岁还有这种行为的话，妈妈就会很苦恼。孩子到底为什么会这样呢？

其实这个行为有很重要的意义。孩子在妈妈肚子里生活了 10 个月，出生时完全不懂得"我"和"别人"的区别，也不能马上走路自立，孩子虽然身体和妈妈分离了，但心理上仍然觉得和妈妈是一体的。随着时间的流逝，孩子虽然脑子明白"我"和"妈妈"是不同的个体，但是在心理上，想要完全独立还需要很长时间。

虽然从思想上知道要一分为二，但心理上没有做好准备的时候，孩子心里就会产生"不安"。一天中什么时候这种不安感最强烈？没错，晚上。

我们需要闭上眼睛睡觉，可孩子闭上眼睛就什么都看不见了，这时就真的是和妈妈完全分离了。不安的孩子能挺得过这段时间吗？有的孩子哭着说："妈妈好像消失了。"

孩子为了消除这种不安，拼命想和妈妈取得某种联系，这时做得最多的就是触碰妈妈身体的一部分。过了这个阶段后，孩子可能会转移目标去抱玩偶或被子等自己喜爱的东西，睡觉的时候也一定要抱着才能睡着。孩子就是通过这样的过程，练习从心理上和妈妈分离。

这么说来，睡前的 15 分钟对孩子就非常重要了吧？这时哪怕只是一点点时间，只要能和妈妈共处，就能让他们更安心地练习独立。当你理解了孩子此时的心情，就不会在这珍贵的 15 分钟里教训孩子："为什么总摸妈妈？别再摸啦！""为什么非得抱着那个枕头！""你怎么这么倔呢！"

治愈受伤的灵魂

> 孩子上床后经常说："妈妈，今天在幼儿园……"可我平时工作太累了，就会对孩子说："好，知道了，那个明天再说，快点儿睡吧。"好不容易晚上孩子想和我聊聊天，可我怕他一开始就停不下来，就会睡得很晚，第二天早上就起不来——经常会遇到这样的恶性循环。我想问，哪怕睡得晚一点儿，我也应该听孩子说话吗？

一天中，什么时候能一动不动，静静地待着呢？没错，就是入睡前的那段时间了。静静地躺在床上，白天压抑的想法和情绪会渐渐浮现。

白天，因为我们要快速处理和解决各种问题，即使产生了消极情绪，我们也没有闲暇去顾及。内心的情绪白天被我们推得远远的，只有在夜晚静静躺着的时候才会突然复活。

　　这时，如果能用言语将这些复杂、荒谬的情绪或事件叙述出来，得到别人的理解，孩子就可以放下内心的纠葛，安抚自己紊乱的心绪，豁然开朗了。

　　夜晚就是这么神奇，能够治愈受伤的灵魂。这种治愈的时间不需要太长。即使是很短的时间，只要能够以真心对真心就可以了。父母学会了这个秘诀后，孩子就能治愈白天受到的伤害、睡个好觉，早上起床就容易多了。

　　这本书的第 5 章和第 6 章介绍与孩子短时间内深入交流的具体方法，希望各位读者能够活学活用。

第3章
为何要花时间哄孩子入睡

孩子晚上睡不好，白天就会暴躁；父母晚上经常在床上呵斥孩子睡觉，也会很吃力，长此以往，父母和子女的关系就会变差，妈妈的育儿信心也会变弱。孩子的睡眠不仅对孩子，对妈妈也有重要的影响。

"一下班又是做积压的家务，又是给孩子善后，这就够吃力的了，睡觉前还要做什么事啊？"

我好像听到了父母看到这本书后诉苦的声音。或许对于一心希望孩子"拜托，快点儿睡吧，让我也休息休息"的父母来说，在睡觉前的15分钟里再安排一些任务，好像听上去很有负担。

其实，父母催孩子睡觉并不只是为了让自己自由，他们知道睡眠对孩子的成长很重要。

但是，双职工家庭的孩子为了等爸爸妈妈回家会睡得很晚，孩子经常为了多看一会儿电视、多玩一会儿电脑游戏而推迟睡觉。

从各种研究结果来看，韩国儿童就寝时间晚、睡眠时间短是全世界众所周知的。孩子早晨起得晚，父母因为担心孩子上学迟到，总会发着火叫醒孩子。有些早上要上班的妈妈，甚至偶尔还会背着没睡醒的孩子出门。这样的事情持续发展的话，哄孩子睡觉、叫孩子起床对父母来说可是非常艰难的任务。

　　所以，我们有必要重新思考一下最基本层面的问题：为什么要让孩子睡个好觉？首先我们要看看睡眠对孩子到底有什么影响，才能知道睡觉前为什么要和孩子度过高质量的共处时间。

睡眠不足对孩子有哪些影响

　　我们的一生约有三分之一的时间是在睡眠中度过的。这个时间很长吧？于是有人说我们要减少睡觉的时间，认为这样就能做更多的事情了。这简直是天方夜谭，睡觉的时间绝对不是浪费，我们无须惋惜。因为睡眠时间的长短，会对我们的社会能力、认知能力、身体健康状况产生重要的影响。

　　"不会吧。要说身体健康嘛，的确会和睡眠有关，因为睡不好觉就会疲惫。可认知能力、社会能力也和睡眠有关吗？这是什么意思？"现在，让我们以孩子为例来看看这个问题。

　　孩子从早上起床，到晚上入睡，期间一直在不停地行动，促进自己的成长发育。在这个过程中，孩子的大脑里积累了无数的信息，身体逐渐疲惫，各种开心事和烦恼层层堆积，让日子变得复杂起来。

　　像这样，孩子的大脑、身体和心灵每天都在接收无数的信息，它们需要整顿休息，补充能量。而这个休整的时间，就是睡觉的时间。

　　那么，如果孩子的人生中缺乏充足睡眠的话，会发生什么事呢？很多研究者都说：如果睡眠不足，孩子的认知发育、情绪发育、行动调节能力等都会出现障碍。这个结果是美国、日本、芬兰等世界各国的研究人员一致认可的。与睡眠充足的孩子相比，睡眠不足的孩子更容易表现出忧郁、不安、逾矩、攻击性等问题，记忆力和学习能力也更为低下。

　　特别是有研究表明：5 岁前睡觉时间短的孩子在成长过程中会表现得行为过激、冲动、认知能力低下。这可能是因为 5 岁前是大脑成长发育的关键期。

　　所以，年纪越小越需要充足的睡眠。一般来说，建议孩子在最初的婴幼儿期每天至少睡 10 个小时。

睡眠不足对孩子的影响

身体	• 影响白天的活动和警觉度。 • 长期睡眠不足会影响神经系统的发育。
学习	• 对认知执行能力和课题执行能力产生负面影响。 • 学习效率变低。
行动	• 过激行为、愤怒、攻击、冲动、耍赖会增加。 • 引起社会问题的可能性提高。
情绪	• 情绪反应激增，经常表现出低迷不振、焦虑不安、忧郁等负面情绪。

韩国的孩子睡得好吗

一般来说，3—5 岁的幼儿需要 11—13 小时睡眠，5—10 岁的儿童需要 9—10 小时睡眠，10 岁以上的孩子需要 8—9 小时睡眠。就此，很多研究人员对韩国的婴幼儿和儿童的就寝时间、起床时间、睡眠时间进行了研究。

从金秀晶的《幼儿的睡眠习惯对情绪、行为的影响》（2015）和金允熙的《论 4 岁孩子的夜间睡眠长度和行为问题的关系》（2015）来看，4 岁儿童的就寝时间大概是 21 点 30 分，起床时间大概是 7 点 30 分，平均睡眠时间约 10 个小时。另外，以 3—5 岁儿童为对象的其他研究结果表明，就寝时间大概是 21 点 56 分，起床时间是 7 点 30 至 7 点 40 分，睡眠时间约为 9.5 个小时。

因此，韩国孩子的总睡眠时间与国际标准推荐的睡眠时间相比还有所不及。更甚者，作为研究对象的儿童群体里，睡眠时间不足 9 小时的情况达到 5.2%。

从芬兰赫尔辛基大学心理学系教授阿努·卡特利纳·佩索内和其同事的研究《睡眠时间和规律性与 8 岁儿童的行为问题的关系》（2010）来看，6—12 岁儿童的睡眠时间不满 9 个小时的话，散漫、注意力不集中、攻击他人的情况会增加。

韩国的许多研究也认为，如果幼儿期睡眠时间不到 9 个小时，儿童期发生各种问题的概率就会升高。因此，父母应该帮助孩子获取充足的睡眠时间。

睡眠时间与睡眠质量，哪个更重要

想让孩子睡个好觉，我们需要关注睡眠的规律性、满意度、深度、入睡所需的时间、持续性等许多因素。一般来说，妨碍睡眠质量的因素主要有：不想在固定时间睡觉，想和父母待在同一个房间，在该睡的时间不睡，害怕一个人睡觉，等等。孩子总是因为这些原因延迟就寝时间，导致睡眠总量减少，睡眠质量变差。

那么，睡眠的"量"和"质"，哪个对孩子的影响更重要呢？

很多研究人员带着这样的好奇心投入了研究。以色列的一个团队以 98 名儿童为对象进行研究，探索 5—6 岁时的睡眠问题与小学一年级时的认知、情绪、行为和学业成绩有什么关系。研究结果表明，睡眠的"质"与儿童的认知、情绪、行为、写作、阅读、算数等都有关联，而睡眠的"量"只涉及孩子的情绪和行为问题。睡眠的时间和质量对孩子有不同的影响。

综合国内外的各项研究成果，我们可以总结出睡眠对孩子的影响，如下表所示：

睡眠时间和睡眠质量对孩子的影响

	入睡晚	睡眠 时间短	睡眠 质量差
认知发育	×	△	○
情绪 （忧郁、不安、 身体症状等）	○	△	○○
行动 （过激行为、发火、攻击性、 冲动性、耍赖等）	○	○	○○

注：× 代表影响较小。△代表影响稍大。○代表影响较大。

由此可见，孩子睡得多固然重要，而睡得好则更重要。另外，如果只是单纯睡得晚，可是能够充分睡好的话，并不会妨碍认知的发育。但事实是，一旦就寝时间晚，大部分人的睡眠时间自然就会不足，因此晚睡还是很容易影响睡眠质量的。

　　睡得晚，一来可能是单纯睡晚了，二来可能是很早就上床，但是入睡很晚。当然，最理想的是孩子一躺下就能入睡，但这种情况并不多。大部分孩子躺在床上大约 20 分钟后才能睡着。

　　如果入睡时间太长，安眠时间就会延迟，这会影响睡眠的时间和质量，最终会导致孩子认知、情绪、行动障碍。因此，父母应该帮助孩子尽可能在 15—20 分钟安然入睡。

孩子的睡眠好，妈妈更幸福

和家长交谈时，很多人提到："孩子不爱睡觉，直到3岁为止都是假睡眠状态。总是半睡半醒，搞得我也很累。现在好一点儿了，但入睡和起床还是两大难。"

那，我们听听孩子是怎么说的。"我睡不着。躺一个小时也不困，所以就睁着眼睛。"有时候在旁边哄孩子睡觉的妈妈都睡着了，孩子还在一个人玩。

像这样，孩子不睡觉，不只对孩子产生负面的影响，照顾孩子的母亲也会很疲惫。孩子晚上睡不好，白天就会比较暴躁，晚上经常在床上呵斥孩子睡觉的父母也很吃力。长此以往，父母和子女的关系就会变差，妈妈的育儿信心也会变弱，最终，妈妈会感受到更加强烈的抑郁和不安。

有一项研究结果表明，改善孩子的睡眠问题后，妈妈和孩子之间的负面关系大大减少。孩子尽快上床、好好睡觉的话，妈妈和子女之间的关系会变好，妈妈的养育健康指数会升高。可见，孩子的睡眠不仅对孩子，对妈妈也有重要的影响。

那么，有哪些好的方法能帮助婴幼儿获得优质的睡眠呢？

一般情况下，当父母和子女一起频繁晚归，就寝时间变晚或不规律时，孩子的问题行为相对较多。这意味着，想要提高子女的睡眠质量，不能只是催促孩子"快睡吧""多睡才能长高"。全家人要一起努力，改善整个家庭的生活方式。

同时，白天要进行充分的身体活动，每天灌输一些简单的睡觉知识，帮助孩子提高睡眠质量。为了让孩子睡个好觉，请多注意以下 10 项指南。

帮孩子实现高质量睡眠的 10 项行动指南

1．避免午睡太晚

尽可能将午睡时间安排在午餐后，或者是吃完午餐稍作休息后。

2．白天规律运动

有规律的运动有助于规律的睡眠。特别是对儿童来说，身体游戏是锻炼多种能力的有益运动。因此，白天最好让孩子充分玩耍。

3．多活动肌肉和关节

引导孩子尽可能多地去参加荡秋千、玩跷跷板、攀岩、爬梯子、滑滑梯、跑步等各种运动。

4．爬楼梯

在学校、家、补习班等场所，不要只坐电梯，至少可以爬一两层楼梯。

5．背重背包

散步的时候，把孩子喜欢的东西放在儿童包里，让孩子亲自背着走，感受轻微的负重感。

6．调整卧室的温度和湿度

一般来说，为了让孩子舒服地睡觉，卧室温度保持20℃—23℃、湿度 60% 为宜。

7．把洗澡时间提前

如果孩子把洗澡时间当作游戏时间，玩得太兴奋的话，会产生过度的刺激。最好将洗澡时间提前到傍晚或下午。

8．给孩子做身体按摩

沐浴后用精油或乳液给孩子按摩，或在睡觉前给孩子做背、脚、腿、手、胳膊等的全身按摩。如果孩子不喜欢擦乳液，可以给他们穿上喜欢的舒适衣服按摩。睡觉时盖上沉甸甸的被子，或将妈妈的手放在孩子身上，也能让孩子有安全感。

9．简单地交谈

睡觉前躺在或者坐在孩子旁边，聊一聊当天的事情或者明天想做的事情，都很有意义。

10．睡觉前减少刺激

睡觉前要压低声音，这样可以让孩子平静，更有利于入睡。有时，微弱的灯光会让孩子感到舒服。

一起睡好，还是分开睡好

来咨询中心的母亲咨询最多的一件事就是："和孩子一起睡到什么时候？"可能很多孩子都要和妈妈一起睡，所以很多母亲有这样的烦恼。其实答案在孩子。孩子很难和父母分离的话，最好等到孩子准备好为止。因为，等孩子做好分床睡的心理准备后，即使你想和他们一起睡，孩子也会要求自己睡。

但有关儿童睡眠的研究一致认为，孩子和父母一起睡的时间延长的话，父母的育儿压力更大。因此，我们一般建议孩子在4岁左右自己睡。即使在此之前，你一直陪在孩子旁边睡，到了4岁以后，最好先陪伴他们15分钟，然后给孩子一个晚安吻后就离开。

即使孩子吵闹着要找妈妈，或者说因为害怕自己睡而纠缠，父母也不能说"好吧，这是最后一次"而让步。这样孩子就会继续找妈妈，妈妈在睡前15分钟的压力和负担会越来越大。

可以用以下方法慢慢让孩子和妈妈分离，让孩子独自睡觉。

· 睡前的 15 分钟一定要陪伴孩子

每天睡前的 15 分钟，一定要与孩子进行交谈，而且互动不要超过这个时长。因为如果听从孩子的要求总是延长时间，只会妨碍孩子的睡眠。

如果父母能这样遵守时间，每天保持规律性交流，孩子也可以在与父母互动 15 分钟后，全身心接受该睡觉的事实并安然入睡。

· 孩子一直叫妈妈时请这样做

当 15 分钟的交流结束，从孩子房里出来后，如果孩子还是叫妈妈，你可以稍稍打开孩子的房门，坐在客厅里说："乖，妈妈就在这里。但我们还是明早见吧。"

· 请找出孩子离不开妈妈的原因

孩子的行为一定是有原因的，只有彻底理解了这个缘由，才能找到正确的解决方法。这本书介绍了各种原因和应对方法，现在让我们一个一个来看看吧。

第4章

白天过得好，
晚上睡得才更好

白天充分玩耍，和父母保持良好的依恋关系，再加上父母健康的训育，孩子可以更加舒适地入睡。为此，随着孩子每天的成长变化，父母的养育态度也要不断更新。

　　夜晚的睡眠和白天的活动有千丝万缕的联系，白天和夜晚并不是独立存在的。前面我们也提到，白天没消化的情绪、没解决的事情，都会影响孩子的入睡时间和睡着后的梦境。

　　如果白天经历太多不满意或难以消化的事情，那么孩子的夜晚睡眠很可能出现各种问题。为了帮助孩子睡个好觉，首先要帮助他们安然度过白天。

　　想和孩子好好相处，就请反省一下平时对孩子的训育方式，以及和孩子玩的时候父母是什么样的态度。

父母想成长，需要知道这些事

我们无法忘记孩子刚刚出生后，第一次抱孩子入怀的感觉；无法忘记襁褓里只知道哭的孩子，慢慢牙牙学语突然某天第一次喊出"妈妈"的瞬间；更无法忘记孩子第一次背着书包去幼儿园的那天，抱着你说"妈妈是世上最漂亮的人"时的样子……当疲惫不堪的时候，回想一下这些记忆，我们就会不自觉地笑起来，内心得到慰藉。

看看最近的育儿综艺节目，节目里的孩子都生得乖巧可嘉，有时甚至忍不住想，如果孩子一直保持这个样子就好了。但是孩子不可能停留在那个状态，他们会不断成长和发育。

以前什么都能与人分享的孩子突然有了自己的想法，哭着说这是自己的东西，不想给别人；有的孩子就像生来就是为了说"不想""不做"似的，死活不听话；有的孩子父母说一句他们就顶一句，让父母操碎了心；有时候，他们能绝对听从朋友的话，却对父母的话听而不闻。

这些行为并不是偶然出现的，而是孩子在各个时期必须要面对和克服的心理发育课题。孩子每天都在成长，比如说，妈妈如果不能抹去孩子 1 岁时对你绝对依赖的记忆，那么妈妈和子女关系就会严重违和。

如果父母与子女关系不和谐，孩子在夜晚就会充满压力。因此，父母也要随着孩子一起成长。

父母有一些必须知道的事，请仔细阅读以下内容。

时刻考虑孩子的年龄

当你不理解孩子的行为时，先想一想："等等，现在我的孩子多大了？""啊，他现在才刚满 3 岁啊。"当你想到孩子的年龄后，再考虑这个年龄的孩子一般是怎么行动的。

3 岁的孩子，身体、语言、认知都比较发达了，他们在这个时期的自律性和主导性很强，会想脱离爸爸妈妈的帮助，自己去尝试很多事情。这时候如果他们不听父母的话，而是说"不做""不想"，这其实是在变相吐露："我现在已经独立了，你们就看着我自己做吧。"

知道了这个道理，父母会在教训孩子"你怎么这么不听话"之前，先看透孩子的内心："你想按自己的想法去做，对吧？"然后慢一拍去行动，缓解和孩子之间的僵持与紧张的氛围。这样一来，父母和孩子都能按压住激动情绪，平心静气地进行沟通，就能改变原本会扭曲的节奏了。

关注 0—1 岁孩子的生理需求

好，现在让我们更具体地了解一下孩子在不同年龄段时父母应持的态度。

从出生到 1 岁是孩子绝对依赖主养育者的时期，这是孩子人生中最脆弱的时期。

在这个时期，孩子非常敏感，他们没有理性的判断能力，而是用自己所有的感觉来判断和理解世界，哪怕是听到很小的声音也会吓一跳，很容易感到不安。因此，这个阶段需要及时发觉孩子的不适感以及吃喝拉撒睡等生理需求，并做出及时的应对处理。

理解 2 岁以后孩子的性格

对于 3—5 岁的孩子，父母最困扰的是孩子挑剔的性格。见了生人就哭，不想去新的地方，听到男人的声音就害怕，别人一碰就生气，晚上睡不好觉，穿衣服也挑剔，不想穿新衣服……

这些根本无法理解的、难以应对的行为不断出现在孩子身上，父母表示很难理解，继而觉得"我好像没有做父母的资格""我是不是把孩子养坏了"，对养育孩子的自信感也随之下降，甚至会感到绝望无力。

但是幼儿期的这些行为并不是因为孩子奇怪，也不是因为父母的养育态度有问题而出现的。这些大部分是生物学反应，多是因为挑剔敏感的性格而产生的。

性格挑剔的孩子无法忽视外部的刺激，他们会全盘接受，然后又因为不安和不适而变得无法忍受。这时，如果你严厉地批评他们，或反问他们这有什么可怕的，那就如同火上浇油，让孩子更觉得不舒服。

这时，请先换个立场，设身处地地去感受孩子不安的情绪。

比如，你先说："突然有声音响起，被吓到了吧？"然后针对因为敏感而被过分解读的这个刺激来源进行说明："这是外面小狗汪汪叫的声音。要不要看一下外面？"然后告诉他，"以后也会突然听到这样的声音，那时候你就知道是小狗了。"像这样引导孩子预想以后的画面，帮助他去自己平复心情。

除此之外，户外活动等身体游戏也有很大的帮助。

　　一般来说，因性格而导致的难懂、难处理的行为都会随着孩子的成长而逐渐减少。但是当实在无法理解孩子、对育儿感到茫然时，若放任不管，父母和孩子都会很痛苦。在这种情况下，不要犹豫，最好就近就医，接受更为专业的帮助。

2 岁看依恋性，5 岁看自律性和主导性

　　其实，依恋性、自律性和主导性是人类成长过程中最重要的心理发育课题。依恋关系健康的孩子能从人际关系中体会到安定感，成长为情绪稳定的孩子。

　　孩子会以依恋为基础，锻炼"自己去体验，树立并实现目标"的自主性和主导性，学习作为健全人类应该有的调节和行动方法。所以这个时期的孩子真的很固执，经常做出一些不听话的举动。

　　这时，千万不要觉得孩子"特别不听话"，而应该理解他们："哦，是在为练习自我调节而努力啊。"2 岁以前，我们是用身体拥抱孩子，但是 2 岁以后，我们必须用心去拥抱孩子，才能提高他们的自主性和主导性。

　　当孩子读了小学后，即使父母不去刻意强调要努力学习，不去吓唬孩子"不好好学习将来会饿死"，孩子自己也会想努力学习、成为优秀的人。20 年来，我在商谈咨询中

遇到无数的孩子，没有一个孩子说"我想学习不好"。

但是，如果不能在孩子幼儿期打牢依恋关系、自律性和主导性的基石，孩子以后就很难将注意力集中在自己的事情上。可即便如此，现在改变也为时不晚。当下，也有很多事情需要孩子去自己决定、判断和经历。只要能集中在过程中，而不是一味纠结结果，孩子就能用自己已然拥有的良好动机——诚实和勤奋去不断练习。

现在，请改变"父母帮你做，包在父母身上"的做法，鼓励孩子自己做自己的事情，并为他感到自豪："你真的自己做到了，真棒！""你在努力自己去克服啊，加油！"也许有些父母会问："那，孩子想要的东西都要满足他吗？孩子想做的事情都得让他做吗？"我的答案当然是："不！"

这时，最重要的是明确告诫孩子界限在哪里："但，只能做到这里。"这就是训育。所以，如果懂得不让孩子气馁的训育要领，就会很有帮助。

控制和指示型的养育态度对孩子造成的影响

成长	创意性不足。
活动	成为依赖型人格，经历挫折或失败时表现出敌对和攻击性行为。
情绪	畏缩，不安，极端羞怯。
社会性	社交性和对他人的关怀不足，和同龄人间关系不稳定。

不生气的训育方法

提到"训育"，大家会想起什么场面呢？父母面部扭曲、孩子低头不语的场面？还是父母双臂交叉站在那里，孩子垂头丧气不停看父母眼色的场面？

事实上，这一切都与"训育"相去甚远。如果总是教训孩子、发脾气、暴躁打孩子，父母和子女的关系肯定会不断恶化，孩子也会没精打采、看人脸色。久而久之，孩子就无法认可自己，心里还会愤然："为什么总是教训我？我到底做错了什么？"

原本你是为了好好培养孩子才教育他们，结果却对孩子产生了负面影响，哪有比这更冤屈的事？现在，就让我们来了解一下不发脾气、不发火，正确培养孩子的训育方法吧。

训育是系统的教导

"训育"是指系统教育子女哪些能做、哪些不能做的过程。

即让孩子社会化的家庭教育，与父母的神经质或愤怒无关。

以为"训育"就是"教训"的父母，自然做不好训育。刚开始他们都会选择忍，忍了几次，最后还是气得大喊大叫。这时，孩子不只受到惊吓，还会因为摸不准父母的脾气，一直看父母的眼色；父母又会因为对孩子发泄愤怒而内疚——这种行为就是纯粹的生气发火，绝非训育。

对于"教导孩子什么，为什么孩子不接受，夫妻俩要用怎样的价值观去引导孩子"有一个系统且具体的计划，让孩子一样一样去练习，这才是训育。

首先检讨父母的养育方法

但是，即便父母有这样的价值观，能亲切地教导孩子，孩子也做不到立即听懂父母的话。特别是平时父母代替孩子做了很多事，或者经常对每件事都唠唠叨叨的话，孩子现在更难一次就听父母的话。

如果孩子平时不太听从指示，首先要检查一下自己是否有过度保护或过度控制的倾向。

自己判断和做决定的自律性越得不到保障，孩子就越容易成长为不听话的孩子。那么，训育就会以父母的暴怒而告终。如果你有这种"过剩"的养育态度，那么必须控制好尺度。

考虑孩子的特性

如果认为自己的养育态度没有问题，那么接下来就要考虑孩子的特性。一般，有点儿散漫或冲动的孩子比较难改变。他们总是无条件地去做自己喜欢的事情，而且一做就是很久，而自己不喜欢的事情压根儿就不想，并且很快失去兴趣。所以父母想要系统地教育这样的孩子也是有难度的。在这种情况下，父母的唠叨就会增多，甚至会大喊大叫或者动手打孩子。

这时，与其用语言进行长篇大论，倒不如尽可能去做出具体而简短的指示，并且在孩子行动时给予及时的激励。

对孩子做出的变化给予鼓励

事实上，所有的事都一一指责和说明，也是有难度的。但幸运的是，孩子可以用以往受到的教育来举一反三，区分哪些可以、哪些不可以。

也就是说，孩子不是因为不知道而做出不恰当的行为，而是因为还没练好，所以不能很好地控制行动。所以，父母只需要给出"等等""你知道这是不可以的吧"等简单的提醒，孩子的行为就会有一点点改变。

像这样，父母在想说话时控制住自己，后退一步，就能看到孩子的行为在慢慢被调节。这时就是机会。捕捉到调节的那个瞬间，正面鼓励孩子："啊，你这样看起来好很多！"相信我，父母和孩子互望微笑的时间会更多。

将焦点放在行动上，不要攻击人格

父母在训育的时候，经常会说出攻击孩子人格的话："你到底像谁啊？""要说几次才能听懂？你是不是傻？"这与其说是在训育，不如说是在说气话。这种情况下，孩子并不会反省自己的行为，而是会觉得委屈，暗自生气。

如果你想培养孩子适应社会的能力，就要把重点放在行动本身。当你生气时，会不由自主地想要责备孩子。每当这时，你可以喝一杯水，或者打开窗户透透气，退一步海阔天空。

灵活运用 ACT 技法

现在，告诉大家一个可以马上使用的训育方法。A（acknowledgement）是"承认"。比如孩子一出门就哭着不想回家，如果利用 A 的话，你就会说："啊，很有意思对吧？回家的话就不会这么有趣了，所以你想再玩一会儿，对吗？"

接下来是 C（communication），即"交流"。既然理解了孩子的内心，就应该告诉他们这样做不可以的理由。这时应注意说明要尽可能简短："但是不行。现在要去吃饭了。"

但是，此时孩子也不会笑着回答说："好的，我知道了。"因为即使孩子知道这样不行，但是因为父母说了不行，他们首先会产生心理上的抵抗。

能安抚这种情况的，就是 T（target behavior），即"目标行为"，它也可以称为"提出替代方案"。此时，你应该提出能引起孩子兴趣的对策，比如："但是，回家后我会陪你玩吹水泡。"

训育的最终目标是培养孩子的自我调节能力

这些努力的最终目的是培养孩子的自我调节能力，这是我们生而为人特有的心理能力。

当父母正确理解何为训育，并且使用不伤害孩子的有效方法实现训育后，孩子就能放下心理抵触，真心接受"哪些可以，哪些不可以"。另外，当你不断练习"替代方案"后，孩子就会明白这样一个事实："得到想要的东西的方法原来不止一个，还可以找到其他方法更愉快地解决问题。"

长此以往，孩子解决问题的能力就会得到提高，变成聪明的孩子，而且还是拥有自我调节能力的聪明孩子。

自我调节能力随着年龄的增长也会不同，如下表所示。

不同年龄段的自我调节能力发展情况

	1 岁以前	1 岁	2 岁	3—6 岁	学龄期
发展阶段	生理性、感官性的反应	发现控制力	自我控制	自我调节	使用更复杂的策略
自我调节形态	对环境的反射性身体反应	能理解父母的要求	遵从父母的指示和禁令	·内在的、自律的 ·通过延迟、抑制满足感和反省性的思考来调节行动和情绪	·调节行动（计划、检查、评价自己的行动） ·调节情绪（识别、抑制、应对）
父母一定要做的事	绝对性的保护和安慰	一贯性的态度	形成稳定的依恋关系	·适当地补偿 ·通过语言训育 ·一起玩假想游戏	·树立好的榜样 ·用语言相互作用
得到父母引导的孩子	安全感	自我	自主性	主导性	·勤勉 ·责任感

（续表）

	1岁以前	1岁	2岁	3—6岁	学龄期
得不到父母引导的孩子	不安	不安	和妈妈分离的不安	·反抗 ·依赖态度 ·很难适应外界	·行动问题 ·动机低下 ·很难进行自我主导性学习

何为自我调节能力

通过健康的训育，孩子们慢慢可以调节自己的感情，也可以很好地适应同辈关系和学校生活，并且也可以和父母度过更优质的睡前 15 分钟时光。

自我调节能力可以解释为以下 4 个要点：

1. **自己**：指根据自己的意图或计划实施适当行动、抑制不适当行动的能力。即使没有人监视，自己也会做出社会认可的行为。

2. **适应**：指灵活应对各种社会状况的能力。

3. **为了更好的结果**：指为了获取更大、更好的结果而等待，延迟满足，该被忽略的行为就忽略，自己选择的行动就坚持到底的能力。

4. **自我管理**：指不被外界所左右，自己控制自己的行为、思考、感情的能力。为了适应环境需求，适当调整、管理自己的行动和情绪。

陪孩子做游戏时父母应持的态度

"鸟儿唱歌，鱼儿游泳，孩子们玩乐。"就像这句话一样，玩乐就是孩子日常生活的全部。所以，白天的时候，让孩子尽情做自己喜欢的游戏吧。

如果父母在孩子玩游戏的时候随意介入，或者以游戏为借口督促孩子学习，以类似的态度妨碍孩子做游戏的话，孩子就不能享受"真正的游戏"，而是在做"假游戏"，很难玩得尽兴。父母觉得他们花了很多时间和精力去陪孩子玩，可孩子却说："你们什么时候和我玩？"

父母要学会尊重孩子，孩子是最好的游戏设计者。每个孩子都有能力选择自己现在需要什么游戏，有能力通过自己选择的游戏促进个人成长。

那么，为了在白天和孩子好好玩耍，父母应该注意哪些事情呢？

把游戏的主导权交给孩子

早上起床的时候你会记下"今天要陪孩子玩某某游戏"吗？孩子玩角色扮演类游戏的时候，你会把故事都编好吗？一起玩游戏的时候你会经常说"这个更好玩，玩这个吧""不是那样做，妈妈帮你做"之类的话吗？这些都会妨碍孩子玩乐，将"真正的游戏"变成"假游戏"。

当孩子能自由、自主地玩耍时，他们才能成长为自我主导型的健康孩子。在这里给大家一个简单的小提示。在和孩子玩游戏的时候，换一下主语，用"你们"代替"妈妈"。不说"妈妈帮你做"，而是"你们做到了啊"。多练习练习这种表达吧。

边玩游戏边交流

做游戏时，孩子能最真实地表达自我。因此，如果想了解孩子的内心，可以观察他们玩耍的态度和内容。平时看不懂孩子的情绪和心思时，在孩子的游戏时间你去了解他们、与他们沟通共鸣，这是绝好的机会。

这里告诉大家一个简单的方法，就是"关联对话法"。

孩子在玩积木玩不好时，会扔积木，这时不要对孩子发火，质问他为什么要乱扔。而是应该换个方式去沟通：

"哎呀，积木不好插吧？看你都扔了，很生气吧？"如果父母能很好地运用这种关联对话法，就能理解游戏中孩子的心情，也能提高孩子的共鸣能力，可谓一石二鸟。

倡导开放式游戏，给孩子发挥的机会

和孩子玩游戏的时候，当你问"这是什么""为什么这么做"时，大部分孩子都会回答"不知道""随便弄"。其实这种探索性的问题经常会妨碍孩子做游戏。如果你想详细了解孩子的游戏内容，可以先说"我很好奇这是怎么弄的"，然后再等一会儿，如果孩子不回答的话，就换个说法，比如"我好想知道，能给我解释一下吗？"这种接近方式会更好。

这种态度会让孩子的想法更加丰富，引导孩子自然地表达自己的想法，并且让父母更能理解孩子的心情。

多关注游戏过程，少在意游戏结果

虽说"称赞能让鲸鱼跳舞"，但是，过度的称赞和只对结果表示称赞往往会产生负面作用，让孩子只追求"别人的认可"。将来，当别人不给予夸奖认可时，孩子很快就会意志消沉。

做游戏能帮助孩子集中于自己的满足感，而不是去追逐别人的认可。为此，父母的态度非常重要。

不要只表扬结果："都答对了，做得很好。"而应该在旁边观看孩子玩游戏的过程，并温暖地鼓励他："你现在肯定在想怎么做对吧？你看这里不合适，所以放到那里了对吧！"通过这样的互动，孩子能建立自信，不会因为小事而受挫，相信只要自己努力就能实现目标。

理解孩子的特性

男孩和女孩的游戏方式有很大的不同。不同特性的孩子也会选择不同的游戏方式。

男孩在 5 岁左右喜欢玩一些乍看上去很有攻击性的游戏。父母总会担心："是不是太有攻击性了？""这样下去，会不会出去欺负别的孩子啊？"于是他们就会训斥孩子："为什么老欺负玩具娃娃！""怎么用机器人只玩打架游戏？"其实，这种一味地限制是不正确的。因为，男孩经常通过这种游戏进行力量调节和攻击性调节的练习。当然，如果游戏过于激烈，会伤害到他人或是自己，那就应该予以制止。

挑剔、敏感的孩子通常不喜欢在外面玩，他们更喜欢在家里滚来滚去。这时，父母也不要说："整天在家晃来晃去！你也像别的孩子一样，出去玩玩啊！"取而代之，找一些可以让孩子在家里活动身体的游戏比较好。

　　只有掌握了孩子的特性，才能有效地利用游戏实现优质养育。

第5章

让睡觉前15分钟更充实的方法

睡觉前 15 分钟的目的是放松孩子的紧张情绪，让孩子舒服地睡觉。别用训育和说教浪费这短暂而宝贵的时间，要充分地理解孩子的内心，多传达父母的爱。

哪个孩子不喜欢和自己的父母互动呢？通过温暖的互动形成良好的亲子关系，能给孩子的认知、情绪、行动各领域提供能量。

孩子上床后，最好能在 20 分钟内入睡。所以至少留出 15 分钟时间和孩子互动。在这段时间里，父母和孩子能做什么呢？

现在我们就来探讨睡觉前 15 分钟的具体互动方法。

注意，超过 15 分钟的时长反而会妨碍孩子睡眠，推迟就寝时间。这样不仅不利于孩子发育，而且父母的养育压力也会更大。

父母对晚上不要有太大的贪念，只要能稍微弥补白天沟通的不足，让孩子舒服地整理一天、睡个好觉就足够了。

制定规则，保持仪式感和一贯性

有时候父母下班晚，孩子不管多晚都要等着爸爸妈妈回来一起玩。特别是男孩子，等待的时候经常会上蹿下跳，狠狠折腾。因此，孩子的睡眠时间变得不规律，父母就会一边督促孩子快点儿睡觉一边发火。

如果希望孩子按时睡觉，不和父母插科打诨，安静地度过夜晚时间，就必须遵守两个重要的原则。

第一是重复有仪式感的行为。如果每天睡觉前都重复做某件事，那么孩子一做这件事就会形成条件反射："啊，现在该睡觉了。"

例如，一到晚上 9 点，首先换上睡衣、刷完牙，躺在床上，然后和妈妈待上 15 分钟做各种事情，然后就睡觉。每天进行这一系列睡前行为。这样的话，孩子换睡衣的瞬间就会在潜意识里和妈妈待 15 分钟，然后结束这一天。通过这种带有仪式感的事情，孩子会不知不觉就做好睡觉的准备了。

第二是保持一贯性。要想让这种仪式感浸透到孩子的全身，就需要父母保持一贯性。

如果某一天心情好，"哈哈，今天给你读半小时书"；另一天自己太累了，从晚上 8 点就开始对孩子说"快点儿睡"；这样孩子肯定会很茫然。在孩子的世界里，合理的规则消失了，父母的心情成为至高无上的准则。在这种情况下，孩子就不再是"自己"调节、"自己"判断，而是变成依靠"爸爸妈妈说""因为爸爸妈妈""爸爸妈妈的标准"来判断和行动。长此以往，孩子只会越来越爱耍赖，借口也越来越多。

放松紧张情绪，先让孩子的身体放松下来

> 　　每次让孩子睡觉，他总是玩，每次都要这么折腾好几遍，然后他眼睛瞪得溜圆，没有困意。我总觉得自己已经很努力地和颜悦色地规劝了，可最后还是会训斥他，强行推他进房。等我估摸着"现在总该睡着了吧"，进房间一看他还是在打滚儿，很难入睡。

　　孩子一整天都被外界的刺激环绕，他们一边应对一边成长。他们需要很多时间整顿疲惫的大脑和身心，能帮助他们实现这一点的就是充足的睡眠。可是如果神经一直绷紧，那他们会很难入睡。

　　特别是孩子哪天压力特别大，或者睡前玩得太厉害，无法平复内心的激动情绪，或者睡觉前被父母狠狠地训了一顿……发生这些情况时孩子都难以入睡。

这时，首先应该让孩子的身体放松下来。有人会想："孩子本来就很有活力，如果让他们用尽全力去玩，最后玩累了不就睡着了吗？"绝对不是这样。过于激烈的游戏反而会提高孩子的觉醒状态，会妨碍睡眠。全身的细胞都受到刺激，要想恢复稳定就需要更多的时间。因此，睡觉前15 分钟以让孩子的身体放松舒缓为目标。

请充分利用以下方法。

唱旋律单调的摇篮曲

哄孩子睡觉最常见的方法就是拍着孩子的身体，唱摇篮曲。有没有人给孩子唱摇篮曲时还炫耀自己的歌唱实力？就跟唱歌剧似的，把摇篮曲唱得很有感染力？恐怕不会有。因为这样的话，孩子一下子就醒了，更难哄他们入睡。

"睡吧，睡吧，我的宝贝……"只需要哼唱一首传统的旋律单调的摇篮曲，就很有效。

形式简单、歌词不断重复的摇篮曲，再配上低沉的嗓音，这样唱歌，孩子很容易睡着。

摇篮曲很多，不一定非是这首。只要爸爸妈妈的声音听起来很舒服，反复地听几遍后，孩子就能放松警惕，感受爸爸妈妈的温暖，安然入睡。

当然，给孩子听如海浪声、雨滴声等单调重复的自然声音也是帮助睡眠的好方法。但是，如果孩子比较小，仿佛从妈妈肚子里传出来的妈妈的声音最让孩子感到舒服，这样可以帮助孩子尽快入睡，也可以让孩子和妈妈建立良好关系，是一石二鸟的方法。

饱含爱意的轻微肌肤接触

孩子小的时候，通过大脑和感觉来掌握和接受外部事物。到了 2 岁时，皮肤会起到第二大脑的作用。当然，2 岁以后，睡前 15 分钟的轻微身体接触同样也会让孩子感到舒适，产生良好的激素，帮助孩子达到最佳状态。

动作很轻、又能有温暖的身体接触的游戏有哪些呢？

· 手指游戏

父母把食指和中指放在孩子的手掌上移动。从手掌开始，慢慢移动到胳膊、头、脸等部位，轻轻地触碰孩子的身体。这时再讲上一个简单的故事，那就是锦上添花。

例如："从前有个人，他在找这个世界上最漂亮的孩子。走了好一会儿，呃！这里有一个漂亮的小女孩；然后又走了一会儿，呃！这里有一个帅气的小男孩……"通过讲故事可以传达父母的爱。

·"晚安"游戏

和孩子一起躺着，给孩子的各个身体部位打招呼："晚安，头；晚安，眼睛；晚安，耳朵。"边说边轻轻接触孩子的身体部位。这个游戏可以在睡觉前经常玩，会很有帮助。

· 在背上写字猜字

父母可以让孩子趴着，在他们的背上写字让他们猜。也可以反过来，孩子在父母背上写字让父母猜。也可以大家把字写在彼此的手掌上，玩这个游戏。

· 寻找藏在衣服里的小球

父母在衣服里藏一个柔软的小球，让孩子寻找；然后孩子把球藏在自己的衣服里，父母再去找一找。通过这种简单的游戏，孩子和父母可以自然地进行身体接触。

这时，孩子如果玩得太有趣了，会变得兴奋，这样就不可取了。因为孩子会两眼发光缠着父母继续玩。我们必须在 15 分钟内结束亲子互动游戏。

讲故事：童话故事有哪些魅力

> 有一次睡觉前，我给孩子讲了灰姑娘的故事。然后孩子每天晚上躺在床上就缠着我再讲一遍，让我很为难。每天说同样的话，真是烦透了，可孩子每次听都很感兴趣，还想继续听。

在游戏治疗室观察时，一个 6 岁的女孩看到治疗室里的白雪公主、灰姑娘等小玩偶，问道："老师，这是什么？"一般这个年龄的女孩子应该都知道这是白雪公主，那是奥罗拉公主。可是这个女孩却不认识，我感到很好奇。

和孩子结束谈话后，又问她的妈妈，是否给孩子讲过童话故事。她回答说："我给孩子讲了很多其他的童话故事，但是没有讲过公主的故事。那些童话里总是有继母，主人公也不能过自主的生活，都是和王子见面结婚。我觉得这对女儿没有帮助。"乍一听，这些话好像很有逻辑、很有道理。

但是，如果我们用逻辑、用知识来分析童话故事的话，就会失去很多非常重要的东西。我们来看看这位母亲错过了什么。

天使妈妈 vs 魔女妈妈

童话故事里总是有两位妈妈登场：一位是亲生母亲，一位是继母。通常，亲生母亲都像天使一样善良、聪明、漂亮，可令人遗憾的是，这样完美的母亲总在生下女儿后很早就过世了。这时，继母登场。继母恶毒至极，简直就是魔女。

请回想一下我们的传统故事中出现的红豆女妈妈①、《灰姑娘》里的继母等，她们不仅邪恶，而且长得奇丑无比。

真的很奇怪吧？看到这里，这种古老的故事好像真的不适宜讲给孩子听。如果经常听到这样的故事，孩子可能会误会继母都是恶毒的，会对人产生偏见。

但是，这些传统故事包含着母亲难以想象的深刻的心理寓意。在处于婴儿期的孩子的世界里，自己所有的需求妈妈都会满足，学会爬和走时妈妈就会鼓掌；对自己所做

———————————

① 朝鲜族民间故事《黄豆女红豆女传》中的继母。

的一切妈妈都觉得很开心；肚子饿哭闹时，妈妈马上就会察觉，然后给自己准备好吃的。这样的妈妈简直就是天使。

但是随着时间的流逝，这个漂亮的妈妈开始变丑了。原来，世界上那个最漂亮的脸庞也会生气，也会骂我。在孩子眼里，这样的妈妈和可怕的魔女一样。

作为人类，每个人都会经历这种矛盾心理，而这些传统童话故事能将它隐喻地表现出来。孩子听了这样的故事后就会安心了："原来不只我有时喜欢妈妈，有时讨厌妈妈，有时还害怕她呀。"

王子的冒险 vs 公主的婚姻

童话故事中有一个反复出现的主题：故事里，王子和一群男孩出远门冒险，公主和女孩出去游玩，与王子相遇并结婚，幸福地生活下去。甚至还有只有半个身子的孩子，在冒险后变成健壮的青年，遇到漂亮的公主，把公主带回家幸福地生活——这就是《半边人》的故事。

大部分公主故事的结局都是"和王子幸福地生活在一起"。对于女性顶起半边天的 21 世纪，这算怎么回事？结婚并不一定是幸福的尽头。所以在咨询室听见几位母亲说："我希望女儿能活出自我，所以没给她读过这样的童话。"

但是，这类故事里也包含着非常重要的意义。童话中离开父母的怀抱去冒险的男孩是在向着独立的生活前进，在那里遇到公主，成为完整的成人。女孩离开父母，内心实现一个阶段的成熟，结婚是她们心理成长的象征。如果没有完成这样的任务，所有人都会陷入危机，这些内容很好地体现在《美女与野兽》[②] 这则故事中。

美女虽然爱上了野兽，但是因为思念父亲暂时回家了。村民趁此机会攻打野兽城，野兽面临死亡危机。这就告诉孩子，到了一定时候，如果你还不能离开父母而独立，不仅自己，你身边的人都会发生危机。但是，如果故事在这里结束，就不会是经典童话了。结果，美女为了遵守与野兽的约定，离开了父亲，重新回到野兽身边，在那份真挚的爱情里野兽脱离诅咒，变成了王子。

童话中的冒险和结婚，都是孩子离开父母、实现身心独立的象征。

形成独立意识

童话故事中的孩子被恶毒的继母折磨，并没有一味哭

---

② 故事内容参考迪士尼版电影情节。

泣。虽然也会被继母赶出去或是面临死亡，但他们绝对不会屈服于那种苦难。

想一想《韩塞尔与葛雷特》吧。这对兄妹的继母太穷了，家中没有粮食，最后决定把孩子扔到树林里。两兄妹找不到回家的路，突然看到一座用点心做的房子。饥肠辘辘的兄妹赶忙啃吃点心屋，房东老太太亲切地接待了他们。但后来才知道，这个老太太是个专门吃小孩的魔女。得知这一事实后，兄妹利用智慧打败了魔女，并带着她的宝物回了家。

这个故事有什么象征意义呢？孩子听着这个故事会有什么样的心情呢？这个故事是说孩子即使从父母那里独立也能找到自己的路。就像魔女看着啃食自己点心屋的孩子依然能表现得很亲切，孩子希望无论自己怎么依赖和折磨，妈妈仍能接受自己。但是这个故事里其实没有这样的妈妈。那个老妇人其实是魔女，为了吃掉孩子，暂时放过他们而已。

明白善定胜恶的事实

所有童话故事中出现的人物都是善恶对立的。大部分善良的人都是主人公，继母和继母的孩子等都邪恶至极。例如《灰姑娘》《黄豆女红豆女传》《沉睡森林的丑公主》等。

在《灰姑娘》中，继母和姐姐们让灰姑娘去做各种家务事。特别是继母为了不让她去参加舞会，用尽手段。黄豆女的情况也一样。继母把辛苦的家务事都让黄豆女做，为了阻止她参加宴会，让她做从一堆豆子中挑出烂豆子这么艰难的工作。

但是故事的主人公绝对不会耍小聪明，只是默默地努力做好自己的工作。有时会因为太惊慌而哭泣，但是并不会心怀恶意去报仇。他们只是认真地为自己的工作全力以赴。这时精灵出现了，蟾蜍、蚂蚁出现了，将不可能的事情变成可能。孩子听完故事后就会知道，不以牙还牙，用善良战胜邪恶，能得到更珍贵的东西。

怎么样？有道理吧？我们也听过很多童话故事，也给孩子讲了很多，但也许你并没想到故事中这种深刻的哲学意义。这就是童话故事的巨大力量。

暗示生活的价值

父母都努力引导孩子树立良好的价值观，所以经常说："要做一个善良的人。""不能因为别人对你做坏事而报复。"但是当你把这些话当成演讲时，孩子的反应如何？他们会双眼闪闪发光地倾听吗？孩子若回答"知道了"还好；这种话反复说几次后，孩子无聊的眼神中都能传达出来他们的心声："啊，又开始了！我都说知道了！""妈妈什么时候说完？"

枯燥的道德故事让人厌倦。如果这种话放在孩子睡觉之前说，孩子肯定听不进去啊。父母就会开始教训孩子走神。

你可以通过童话故事，让孩子自己去体会你想教给孩子的人生价值。因为童话故事的训导不露骨，没有功利性教训，而且故事有趣，孩子很容易接受，在内心深处留下深深的印象。同时，还能帮助孩子获得更舒适的睡眠。

在自己遇到相似处境时得到安慰

白天因为兄弟姐妹而伤心的孩子，听着爸爸妈妈在床上讲《灰姑娘》，能得到心理安慰："不是只有我因为兄弟姐妹而受苦啊。"

你听过安徒生的《豌豆公主》吗？公主睡的厚厚床垫下只放着一粒非常小的豌豆，可公主却彻夜难眠。听着这个故事，孩子会说："不是只有我一个人在睡觉时感到不舒服啊！""不是只有我一个人睡不着，公主也会睡不着啊！"经常因为睡不好觉而发脾气的孩子，听着这个故事就会说：

"不是我的错。美丽的公主也像我一样觉得睡觉不舒服，也会很辛苦。"

心理咨询通常是一对一进行的，但有时也会把几个症状相似的孩子聚集在一起进行集体咨询。这时，孩子看到和自己处境相似的朋友或听到他们的故事后，就会感悟"啊，不是只有我这样啊"，就会得到安慰和力量。传统的童话故事也是这种道理。

产生战胜逆境的内心力量

孩子听着《灰姑娘》里王子拿着水晶鞋来寻找灰姑娘的故事，就会想象自己也变成堂堂正正的大人的样子。《半边人》里半边人虽然身体只有一半，但经历冒险后成了帅气的大人。《青蛙王子》里王子因为受到诅咒变成青蛙，但在领悟到真正的爱情后变成帅气的王子。这些主人公的样子都会暗示孩子：现在自己所经历的所有困难和悲伤总有一天会结束的。虽然自己现在也处在像青蛙和野兽一样的情况下，但总有一天会成为优秀的人。

看着《赫拉克勒斯》里赫拉克勒斯发挥智慧解决难题的样子，看到许多主人公以智慧克服危机的瞬间，孩子能切身感受到："啊，有智慧就可以活下来。"

听着这些故事，孩子能够克服现在所经历的困难和悲

伤，拥有信心成长为更加健康和优秀的人。从这样的故事
获得安慰和希望后，他们反而会期待白天的挑战，一点点
获得治愈的效果。而且，随着心灵的力量的积累，孩子会
变得更加柔韧。这是童话故事给予的更大惠泽。

治愈伤口

故事中的主人公绝对不会过着平坦的生活——他们被
抛弃、被背叛、被讨厌。很多人是含着金汤匙出生的，但
过着土汤匙的生活。虽然在极度的贫穷和困难中孤军奋战，
但最终他们都能战胜所有逆境。看着这些主人公，孩子感
到的不只是安慰，他们甚至能治愈自己的伤痛。所以有些
孩子晚上缠着要听和自己的情况相似的故事。

在人际关系中经历挫折的孩子，一边想象着自己何时
才能变成白天鹅，一边忍受着现在的状况。以为妈妈只喜
欢弟弟，因此嫉妒得浑身酸痛的孩子，听了把彼此的稻草
放到兄弟家门口的《好兄弟》的故事，会期待着明天能对
弟弟更好。

这些童话故事不是一天写就的，它们是从很久以前流
传下来的，里面包含了人类的智慧和真理。所以很多故事
都是超越时代，具有文化传承性的。欧洲有《灰姑娘》，韩

国有《黄豆女红豆女传》，不觉得很神奇吗?

如果把这些充满人类古老智慧的故事讲给孩子听，睡前 15 分钟，孩子就会把这些智慧很好地融进自己的王国里，然后健康苗壮地成长。

几个要领，提高睡前讲童话故事的效果

那么，给孩子讲什么样的故事好呢？最好让孩子自己选择。等孩子换上睡衣、刷完牙、洗完脸、躺在床上后问："今天讲什么呢？"给孩子讲他选择的故事。

"今天孩子和弟弟吵得太厉害了，我应该给他读一读《好兄弟》。"这种特别刻意的选择，其实不一定是好的选择。不用这么刻意。孩子能非常敏锐地感知到父母的意图。当孩子意识到父母选这本书的意图时，这个故事就失去隐喻的力量了。在孩子听来，这些故事都只是父母变相的唠叨而已。父母也因此错过一次潜移默化影响孩子的机会。

让孩子自己选择的前提，是孩子平时对传统故事有所了解。白天有空的时候可以让孩子多读书或与孩子谈谈和书相关的话题。为此，父母首先要了解各种传统故事的内容及其具有的心理价值。

不过，即使父母知道各种各样的故事，如果不能很好地传达给孩子，也是无用的。睡觉前给孩子讲故事时，注意这几个要点可以提高效果。

睡觉前不要讲恐怖的故事

《太阳和月亮兄妹》讲述了与妈妈的分离。故事里，老虎吃掉妈妈后，又伪装成妈妈来找孩子，想把孩子也吞入腹中。睡觉前给孩子讲这种故事时，要仔细观察孩子的反应。

有一类孩子特别难和妈妈分离，他们闭上眼睛睡觉时，看不到妈妈就感到很不安，非要摸着妈妈的头发、耳朵、肚子才能睡觉。那么这种故事就非常不适合讲给他们听，他们会觉得这是一种威胁。

对这样的孩子来说，恐怖的故事要在白天讲，给孩子充分的时间消化。如果孩子睡觉前主动要求妈妈讲白天已经讲过的恐怖故事，这时就可以满足他们。这可能是孩子尝试将故事的隐喻性信息整合到自己的精神世界中。

不要以教训的方式收尾

睡觉前 15 分钟里给孩子讲完故事后，没有必要告诉孩子："所以你也要做什么什么。""所以，你想欺负小朋友时也要忍着，这样才能得到幸福。"这样反而会让故事的治愈力量减半。

童话故事并不是只有一种固化的意义。孩子在听到故事时都会有自己的理解，产生不同的心理作用。也就是说，我们是无法找到"灰姑娘的故事一定有这样的意义"这种千篇一律的教育意义的。

孩子能从故事里专门挑出自己需要的内容并放在心里。这真的很神奇。孩子经常会缠着父母不断讲同样的故事。站在大人的立场上看，这是不是很难理解？明明是讲了很多次的故事，内容都能倒背如流了，孩子为什么又要听那个故事呢？

其实，孩子可能是因为当天发生了一些事情，他们能在故事中另一个感触深刻的场面中看到自己正在经历的心理矛盾。另外，传统故事所具有的隐喻性意义很多，孩子需要理解消化的时间。

在孩子自己从各个角度理解故事之前，如果父母给孩子总结某种教训，那么孩子能从这个故事中获得的心理安慰和智慧就会减少。因此，在睡觉前的 15 分钟里，只需要把故事讲完就足够了。

利用故事进行简单的对话

讲故事时，可以偶尔听听孩子的想法。比如说："怎么办？要从这么多豆子中挑出烂豆子呢。黄豆女怎么办才好呢？"如果孩子听过这个故事几次的话，可能就会说："鸟儿们会来帮忙的。"这时你可以继续说："是吗？我看看。是啊，真的是小鸟来帮它了呢。"然后就接着说下一个话题了。通过这个过程，孩子有了思考的力量，能感受到和父母愉快交流的喜悦。

把以前的经典童话简短地讲给孩子之后，如果还剩余一点儿时间，可以和孩子分享彼此的感受和心情。与其这样提问："所以，你有什么感想？"或者"所以说，他是善良的孩子还是坏孩子呢？"让孩子选择是或不是，不如这样问："天哪，这时黄豆女的心情会是怎样的啊？"孩子就会发表自己的具体看法。

答案很明显的提问会限制孩子的思维，而贴近故事情节的简单提问让孩子能够尽情地想象、畅谈自己的感受，更能促进孩子的心理成长。此外，还会得到意外的收获——创意性的提升。

讲和孩子当下情况相似的故事

心理学家布鲁诺·贝特尔海姆在《童话的魅力》一书中非常有趣地解释了童话故事所具备的心理隐喻功能。

大家知道《渔夫与魔鬼的故事》这个童话吗？有一天，渔夫撒下渔网捞上来一个铜瓶子。渔夫不经意地打开瓶子，里面冒出来一个魔鬼，并且说要杀了渔夫。

渔夫战战兢兢地问原因。魔鬼说刚掉进海里的时候就下了决心，如果有人救了自己，一定让他享受富贵，可一个世纪过去了，也没有人救它；第二个世纪开始的时候，他想，如果有人救了自己，一定要给他挖尽所有的宝藏，可一个世纪过去了，仍旧没人来救它。就这样，很多个世纪过去了，它等得筋疲力尽。它非常生气，决定如果谁把它救起来，一定要杀了他。而这时，渔夫把它救起来了。

内容是不是很荒唐？但布鲁诺·贝特尔海姆解释说，这个故事如实地描写了与父母分离、重组，未能形成稳定依恋关系的孩子所感受的心理矛盾。

第一次和妈妈分离的孩子在等待妈妈，可妈妈未能准时来到的话，就会想："只要妈妈来了，我就会满足妈妈的一切要求。"但是他等啊等，妈妈仍旧没来，等待妈妈的迫切感不知不觉变成了火气。结果孩子像被关在瓶子里的魔鬼一样，不再理会妈妈，反而无视妈妈，甚至发火。

如果妈妈外出办事或者加班导致回家晚了，发现孩子因为自己晚归而生气的时候，可以在睡觉前 15 分钟给孩子讲这个故事，对孩子说："天哪，它等了那么久，结果渔夫救得太晚了，所以魔鬼很生气呢。"如果孩子擅长表达，这时可能会说："妈妈今天回来晚了，我也生气。"然后你就可以说："天哪，你也像魔鬼一样等了很久，所以生气了啊？妈妈对不起你！""原来妈妈回来晚了会让你不开心啊，妈妈这才知道！"这样说出来，就是对孩子的心情给予理解和安慰。

但是大部分的孩子不擅长这样表达，他们可能只是听，但是这也没关系。哪怕不解释童话里的深层含义，那些意义也会深入孩子的潜意识里，从而安慰孩子的内心。只要能听到妈妈讲童话故事，孩子的心就可以得到安慰。

能促进孩子心理成长的童话故事

·帮助孩子练习与妈妈分离

大部分古老的童话故事都是讲孩子离开父母后健康独立成长的。所以包含与亲生母亲离别后有了继母、远赴他乡冒险等内容的故事，都会对练习与妈妈分离有所帮助。如《渔夫与魔鬼的故事》《半边人》《拇指姑娘》《白雪公主》《灰姑娘》《美女与野兽》等。

·告诉孩子要默默努力

童话故事里的主人公人生都是一波三折的，都经历了无数的艰难困苦。但是他们以特有的毅力和勇敢，每天都在默默奋斗着。例如《赫拉克勒斯》《龟兔赛跑》《三只小猪》等。

·用聪明智慧战胜逆境

孩子白天遇到难题时，不知道如何解决，会感到惊慌和紧张。当他们发现现实世界并不能随心所欲时，会感到挫折和恐惧。在这种情况下，睡觉前 15 分钟，可以多讲一讲主人公用智慧解决问题的童话。例如《辛巴达航海记》等。

交谈——短小精悍的谈话技巧

　　孩子白天不高兴，晚上躺在床上哭着说："今天朋友生气打了我。"我安慰他说："他可能不是故意的。"他就特别生气，大声哭起来。我觉得孩子带着气入睡不好，就又对他说了很多，孩子好像很委屈。孩子一直生气，我就生气地大声说："别哭了！"

　　在人际关系中，对话占的比重很高。特别是父母和子女之间的对话，对于子女稳定的情绪和幸福感的养成起到了重要作用。但是孩子小时候语言表达能力还不发达、不太会说话，一进小学就围绕学习的话题，这样一而再，再而三，父母与子女之间就很难进行像样的对话。父母即使晚上想和孩子聊聊天，可平时缺乏交流，也不知道该如何引导对话，于是为此感到很茫然。

特别是晚上，孩子会突然提起白天没有说出来的心事，这时如果父母进行教训或说教，孩子就会闷闷不乐："再也不跟妈妈说话了。"

有没有不超过 15 分钟的睡前对话方法呢？

展现一颗温暖的心

每次咨询的时候，我都会告诉大家同样的原则。可有的家长说："老师，按照您的建议去做，孩子变得柔软了。""用您的方法，孩子开始听话了，我也很少再大声教训孩子。"有的家长却说："老师，虽然按照您的建议做了，但孩子还是一样。"并在心里质疑，这人是专家吗？

其实对待人的方法并没有什么秘诀。在训育子女时，你只要牢记"倾听、理解，因人而异地对待孩子，不可取之事严正教导"这个最基本的原则，正确地理解和运用就可以了。但是这样的原则是给人使用的，如果不加入温暖的情意，父母的真心就会飘逝在空中，这个原则也将毫无意义。

和孩子对话的时候，不要只模仿专家说话的样子，用真心交流的态度才更重要。其实心里气得发抖，可嘴上却假装很理解，这并不是一种好的对话方式。态度会比语言更快地传达给孩子，让孩子产生"爸爸妈妈的话不能信"的暗示。

先让孩子说 5 分钟

如果父母的内心过于焦急，或者因为使命感特别快速地纠正孩子的行动，这样就无法达到共鸣。要想理解孩子的心，必须比孩子慢一步行动。有一个秘诀，那就是放空 5 分钟，暂停思考和判断，听听孩子说的话。

对孩子来说，父母是世界上最好的专家，所以听孩子讲 5 分钟，这样就能感受到孩子的心。这时，如果父母凡事都要把自己的判断放在首位，问孩子："这点事有什么好伤心的？"那么睡觉前的 15 分钟就会变成说教和责骂的时间。

用眼睛、耳朵和心倾听

听孩子说话的这 5 分钟，要"倾听"，这是对话的基本姿态。倾听，不只是听，而是要用上眼睛、耳朵、心灵的组合去"好好听"。

睡觉前的 15 分钟就是用全身心去倾听孩子的时间。我们舒服地躺着谈话，这时说真话的可能性更高。听的人也不需要做很多活动，所以也会全情投入倾听。

积极理解孩子

倾听能帮你理解孩子的心情。这时，可以将孩子的行为、感情、想法和情绪联系起来，用恰当的语言表述并传达给孩子。推荐使用"一想到那个朋友骂你（行动）就生气（感情）对吧？"这种关联式对话。

如此，孩子就能够看清自己隐藏的感情，懂得如何表达自己的心意。而且孩子也能学会等情绪平静下来后再做出理性的判断。

不要试图提示正确答案

睡觉前的 15 分钟，孩子会变得更加率真，所以会说出各种真正的想法。"我明天不想去幼儿园！"这种还好，如果孩子说"妈妈为什么生弟弟？你把他扔了吧"或者"真想死"这类过激的话，父母的脑海里就会瞬间一片空白，不知道该对孩子说些什么。

这时，作为父母我们感受到了孩子的内心，但为了尽快结束这种话题，就会说："停，不能说那样的话。"或者："怎么能在妈妈面前说这种话？"但如果这样，孩子以后也许再也不想和父母说话了。

睡觉前的 15 分钟并不漫长。这段时间共处的目的是好好安慰孩子，让孩子安心睡觉。帮助孩子熟睡，加深父母与子女的关系。因此，如果想教育孩子，请利用白天的时间。在睡觉前，首先要让孩子受伤或压力过大的心得到安抚。

不要浪费时间去寻找正确答案，应该对孩子的心产生共鸣："哦，原来宝贝这么生气啊，哎呀，这可怎么办呢？"长时间的对话反而会妨碍睡眠，所以晚上说到这种程度就足够了。

睡觉时间快到了，父母用手抚摸着孩子的头和胸，告诉他："帮你摸摸头，揉揉胸，明天起床后心情就会变好的。"这样结束对话就可以了。

说出自己的真实想法

父母睡觉前想和孩子聊天，但在生孩子的气或者对孩子说的事完全不赞同时，就无法理解孩子的心，即使理解了，也很难发自内心地去认同。

这时，要在不伤害孩子的范围内，好好传达父母的心意。方法很简单：首先将情况如实地叙述，然后将主语"你"改为"我"，传达自己真实的心意。举个例子。

1. 把情况原原本本地描述出来。

"听到你说朋友欺负你。"

2. 用"我"做叙述主语。

"我也伤心。"

3. 妈妈的情绪肯定是有理由的吧？请简单地表达一下。

"想到我的女儿／儿子难过，我就无法忍受。"

4．最后，可以提出解决方案。

但是，不要忘记现在是睡前的时间。不需要什么宏伟的解决方案，只要能让孩子先安心即可。

"我怎么帮你呢？"

这样就足够了，虽然不能马上解决问题，但是通过这样的对话，孩子从父母那里得到了充分的理解和尊重，白天无法消化的感情积食自然就消化了。

通过对话提高情商

一般来说，与父母健康的情感交流能使孩子的情绪智力得到发展。以前我们认为 IQ 很重要，但我们生活在一个重视情商 EQ 的时代。所以，21 世纪的"文盲"不是不会认字的人，而是不理解别人感情的人。

睡觉前 15 分钟与孩子分享心灵感悟和想法，可以提高孩子的情商。

那么什么是情商呢？一般来说，情商可以分为自我认识、自我调节、自我动机、情感转移、人际关系技巧等。

能辨识自己现在感受到的感情的能力叫作"自我认识"。

适当地处理和改变自己感情的能力叫作"自我调节"。即在心情不太好的时候，能够很快地从坏心情中解脱出来的调节能力。这个能力不足的人会不断陷入绝望之中，而这个能力出众的人能更快地克服人生的逆境。

"自我动机"是一种克服困难，为自己的成就而努力的能力。拥有这种能力的孩子即使满足感迟来，他们也能忍耐，有着乐观的心态。

通常，我们以对他人的感情有多大的共鸣为基准来判断情商。但是，我们首先要了解自己的情感。其次，可以将别人感受到的情感转移到自己身上去感受并理解别人的感情，这就进入了"情感转移"的阶段。

经过这几个阶段，能够很好地认识别人的感情，并且能适当地应对各种问题，这种能力就是"人际关系技巧"。适当地放开自己的感情，与他人形成亲密的关系。

情绪健全的孩子有以下 8 个特点：

1. 可以很好地了解自己的情绪。
2. 可以调节自己的感情和感觉。
3. 即使在绝望的情况下也不会丧失动力。
4. 可以延迟满足。
5. 很少因为担忧而做出错误判断。
6. 学习能力好。
7. 擅长情感转移。

8. 很好地形成朋友关系和社会关系。

为了培养这种高情商的孩子，我们一整天都要专注于孩子吗？一来因为家务事或工作，我们做不到那样；二来真的那么做的话反而会不利于和孩子的关系。交流的时间长短是其次，最重要的是交流的深度。如果好好利用睡前 15 分钟，有助于孩子的情绪智能发展。

各年龄段的情绪智能发展情况

	婴儿期	幼儿期	学龄期
发展特征	分化出基本感情	情绪细分及调节	情绪发展
发展内容	·基本感情发展 ·可以区分他人感情（出生后 6 个月） ·用身体反应表现	·频繁、强烈、暂时性表达情绪 ·认识与理解自己和他人的感情 ·情感转移，关怀 ·隐藏感情，表达感情 ·能使用控制感情及行动的策略，但不成熟	·理解复杂情绪 ·对他人情感理解成熟 ·更明确地理解因果关系 ·根据情况调节情绪表现

（续表）

	婴儿期	幼儿期	学龄期
如何培养	·降低敏感性 ·了解感情，表达感情 ·谨防忧郁症	·接受感情，限制行动 ·同感，并说明 ·安慰挫折，激励成功 ·多种游戏经验 ·好好接受并做出榜样	·倾听 ·激励 ·给予选择权 ·让孩子体验
孩子的收获	·稳定的依恋 ·为日后情绪稳定发展打好基础	·正面积极的同龄人关系 ·可调节行为 ·自信、耐心、灵活性	·亲社会性 ·学习能力提高 ·创意性思考 ·赋予自己动机
后果	·不稳定的依恋 ·不安	·攻击性的行为 ·自闭问题	·社会性问题 ·关系及适应问题

几个要领帮你倾听孩子的心

　　和孩子谈话时，经常会忍不住对孩子发火，不停地训诫，特别唠叨。虽然我们转身就会后悔，但这种情况却总是重现。遵守以下几条对话原则，可以更好地倾听孩子。

· 不要做虚假的预言

　　孩子人生最初的虚假预言是从父母开始的。当你用一句话断言孩子的行为或评判孩子的人格时，孩子就会觉得自己是那样的人。这会变成孩子的一种行为，对以后孩子的性格和人生做出一种虚假的预言。

　　让孩子陷入这种危险境地的代表性言语就是"总是""总这样""长大后能成什么样""不听话是坏孩子"等。这种断定性的言语会让孩子生气或饱受挫折。孩子当下的行为只是一小部分而已，把它放大成孩子的人格或整体面貌，会快速阻断双方的沟通对话。

·不要说影响交流的话

没有人聊天是为了斗嘴。如果父母经常使用妨碍交流的词汇，孩子会闭上耳朵和嘴巴，长大后会和父母吵架。这不是任何人想要的结局。

一般来说，听完孩子的讲述，立刻轻率地给予安慰，或进行长时间的训诫、批评，或从逻辑上说服，或过度称赞孩子，都是典型的沟通障碍。

·训育要简洁

解释不可以的理由或者传达父母的心声时，如果解释得太长，孩子就听不进去了。而且当以后父母再开始谈话时，孩子会想"啊，又开始了"，于是躲避父母。请一定要练习简洁教导的方法。

·不要断然否定，请提出应对方案

孩子自己也知道有些事不能做，但是如果是父母不让做的话，反而会产生一种更想做的逆反心理。将这种心理上的抵抗朝正面的方向去引导，是最正确的应对方案。

"虽然不能再玩、得上床睡觉了，但是你可以躺着和妈妈一起玩15分钟的词语接龙"，像这样，提出能解决孩子健康需求的方案。这样，孩子的调节能力和解决问题的能力就会提升，和父母建立起良好的关系也是理所当然的。

·提问时将"为什么"改为"怎样"

和孩子聊天时，你会不会想听孩子更具体的讲述？这时如果"为什么"用得太多，孩子会有种被审讯的感觉，特别是男孩子，这样谈话的结果通常是以"不知道"结束。

如果想让孩子更具体地表达自己的想法和感觉，那么改变疑问词，使用"怎样"来交流，会更有帮助。不要说："为什么会这样？"改为："这是怎样做到的？"这样就可以进行更加丰富的对话了。

以上内容可以总结为对话的 5 个阶段：

第 1 阶段：倾听。

第 2 阶段：共鸣。

第 3 阶段：不可行之事要限制。

第 4 阶段：提出应对方案。

第 5 阶段：协商。

·夜晚要简单，白天要华丽

其实，婴幼儿期最能自然帮助孩子成长的就是玩耍了。倾听、共鸣、限制、提出应对方案、协商的对话 5 阶段，也可以通过游戏自然地进行练习。所以一起玩的时间越多，孩子的情绪就会越舒适。

但是这种游戏在睡前玩会妨碍孩子睡眠，应该在白天玩。白天通过游戏和父母进行了很好的对话，孩子晚上也可以舒服地和父母对话。

睡觉前通过简单的游戏交谈

睡觉前如果很难自然地和孩子聊天，就和孩子玩个简单的游戏吧。但是，所有的活动都要以 15 分钟之内结束为原则。

·今天一天过得怎样

张开手掌，叙述今天一天发生的事情：说一件生气的事，然后把大拇指收起来；说一件伤心的事，然后把食指收起来；说一件想做但没能做的事，然后收起中指；说一件开心的事，然后把无名指收起来；说一件值得感谢的事，然后折起小拇指。

这样五个手指都折起后，你可以亲亲孩子的手，或者紧紧抓住孩子的手，说："今天辛苦了。宝贝，晚安吧，明天早上见。"

·手指温度计

和孩子一起躺着聊一聊今天发生的事情，并评一评它们的温度。最低温度是 1℃，最高温度是 10℃。父母可以和孩子轮流提问。例如："今天一天有多有趣？"妈妈问完，孩子就可以展开五指说："5℃左右。"然后孩子问："今天妈妈在公司有多忙？"妈妈可以打开九个手指，说："9℃左右。"

手指温度计游戏有助于整理孩子一天的生活和情绪，也有助于一起感受和理解父母的生活。

·话筒游戏

和孩子一起，用毛巾或者纸张卷成话筒的样子——话筒最好在白天准备好。睡觉前和孩子聊天时，让孩子把这个话筒对着父母的耳朵说话。而且，父母也可以用话筒在孩子的耳朵旁说话。有了这样的媒介，孩子可以更自然、更愉快地谈论自己的事。

·今天我的心情是几分

躺在孩子旁边说："今天的心情是几分？"这时，最低分是 1 分，最高分是 10 分——最低分不定为 0 分，是因为任何情绪都不可能完全没有。

父母最好给孩子做个榜样，先对孩子说："今天妈妈和邻居家的婶婶聊天，真的很有趣，所以今天妈妈的心情是 10 分。"然后问孩子，"今天你的心情怎么样？"如果孩子说"不知道"，那么就具体点儿问："今天有什么开心的事情吗？"孩子回答后，你可以接着问："那你的心情是几分？"

通过这种简单的游戏，孩子能够更准确地体会到自己的感情，从而知道如何用语言来表达。另外，还可以在睡觉前 15 分钟整理一天没能解决的复杂感情，让孩子更舒服地入睡。

·手机游戏

用玩具手机或家里不使用的手机和孩子聊天。"喂？是××家吗？ ××在家吗？""今天在幼儿园玩的什么游戏最好玩？"

·手套玩偶游戏

父母手上套着一个手偶，对孩子说："你好，我是××。你是谁呀？"孩子如果是幼儿或小学低年级学生，这种游戏式对话减少了孩子直接告诉父母的负担感，让孩子能更舒服地吐露自己的心声。

　　对话结束后，孩子还可以抱着那个玩偶睡觉。如果家里有好几个小玩偶，睡觉前对孩子说："今天和谁说话？"让孩子自己选择一个玩偶。

编故事，挣脱束缚，与孩子更亲近

　　小时候，爸爸说睡觉前给我们讲有趣的故事，我记得自己当时特别期待。但是那个故事很荒诞。

　　"以前啊，有人买了一个大西瓜，抱着回家。他翻过一座山坡，又翻过一座山坡，结果，西瓜丢了。然后，那个西瓜朝着山坡下咕噜噜地滚啊滚，滚啊滚，现在还在滚着呢！"

　　第二天晚上，南瓜滚个没完；第三天晚上，西红柿滚个没完。几天后，我们姐妹几个忍不住问："哎呀，今天是什么在滚啊？"然后大家自问自答地编故事："苹果在滚。"所有人笑作一团。不管怎样，想着一直滚动的西瓜、南瓜、西红柿，我们不知不觉就睡着了。虽然那些故事很简单，但现在只要一提起睡前故事，我就会想起小时候爸爸讲的那些故事。

　　有时，孩子躺在床上说"妈妈，给我讲故事"时，你的脑子里会一片空白。明明看过灰姑娘的故事，可当给孩子讲时，你却怎么都想不起来故事后来怎样了。这样停顿几次以后，故事往往会变得乏味。这种时候，你可以和孩子一起编故事。就算不着边际，也没关系。记住以下几个要点，尽情尝试一下吧。

丢掉想成为作家的欲望

曾经有段时间，孩子堆里流行过一些奇葩的"网络潮语"和"冷笑话"。这些笑话的共同点是开头很强势，结尾很没劲。一开始听时还充满期待，但听完以后你就会说："嗨，这有啥可笑的啊？"

这种听起来不像话的故事一直流行是有理由的——其中有击中要害的乐趣。在这个多数时候要靠聪明和理性才能生存的世界里，大家互相分享彼此的空虚和漏洞，多少会得到一些安慰。这时，不用期待伟大的故事，只要一些简单的故事就足够了。

和孩子聊天的时候也一样，丢掉想成为作家的欲望吧。通过和爸爸妈妈一起编故事，孩子能感受到更多的亲密感；在摆脱束缚、尽情畅想地编故事的过程中，孩子还可以提升想象力和创造性。如果你学会享受这种漫无边际和虚无缥缈，那么睡觉前的 15 分钟会和孩子变得更亲近。

故事要简单短小

睡觉前 15 分钟与孩子互动的主要目的是帮助孩子拥有舒适的睡眠，进而使父母和子女的关系得到改善。如果故事太长或太复杂，孩子的注意力很难集中在故事上，容易走神，最后讲故事的魅力也会大大减少。因此，父母要编故事，一定要简单明了。

故事中隐藏着孩子的内心

仔细聆听孩子讲的故事，看有没有重复出现的内容。特别是睡觉前说的故事，可能包含着孩子的真心。

例如，睡觉前经常讲怪物故事的孩子，是因为害怕睡觉时会梦到怪物，所以通过提前和父母聊天来克服恐惧。这时，父母要和孩子合力编出击退怪物的故事，帮助孩子安心睡觉。

如果孩子反复讲屎啊屁啊的故事，也不要厌倦，请学会用幽默的方式来接收这些信息。孩子有时会用屎、尿等排泄物将心中的负面情绪发泄出来，所以屎和尿是这个世界上所有孩子都觉得有魅力的素材。父母可以和孩子一起享受这些乐趣，并通过"哎哟，有怪味儿……"这样的方式配合孩子讲故事，让孩子的情感得到净化。

避免讲太过悲伤的故事

我发现有些孩子总是编一些悲剧或伤感的故事。细细打听后才知道，这些孩子的父母从小就讲述这样的故事给孩子听，这些孩子就是听着那些古老、悲伤、恐怖的故事长大的。

以前，人们常常用恐怖的故事吓唬孩子，想让他们快点儿睡觉。这些故事成为孩子做梦的素材，导致他们做噩梦。如果反复讲这种故事给孩子听的话，可能会影响孩子的心智和思维。所以，给孩子讲睡前故事的时候，尽量选择能让孩子睡个安稳觉的舒缓故事。

几个要领帮你编出简短的故事

口才不好的父母，对于和孩子一起编故事会感到很茫然。正如前面提到的，先放下必须创作出伟大故事的心理压力，那么就可以尝试轻松地编故事了。不要因为自己编的故事太幼稚、太无聊而没有自信。对孩子来说，听这样的故事可能更有趣、更幸福——因为故事里都是爸爸妈妈的爱。

尽管如此，还是觉得创作故事太难的话，那就利用以下几种方法编简单的故事吧。

如何为孩子编故事

· 五根手指的故事

父母可以尝试这样编故事。首先抓着孩子的手指，从拇指开始折起。"从前有一个说话好听的孩子和一个说话难听的孩子。"接着，折起孩子的食指说，"有一天，精灵变成

了老奶奶向他们求助，说话好听的孩子一边说话一边帮助
了她。"然后再折起中指说，"说话难听的孩子呢，一边生气
一边说不会帮助她。"然后折起无名指说，"说话好听的孩子
一张嘴说话，嘴里就会吐出美丽的花朵。"最后折起小拇指
说，"说话难听的孩子呢，每次一说话嘴里就会喷出臭臭的
屁屁。"

像这样，父母简单地讲故事，让故事在五根手指内结
束，然后牵着孩子的手说："宝贝，晚安。"

·接句子

先由一个人造句，然后另一个人接着前面的话，继续
往下说。这样故事就渐渐成型了。

例如，妈妈先开头："很久以前，有一头大象。"然后
孩子说："这头大象特别想出去玩。"就这样彼此轮番造句，
一个故事就完成了。

在共同创作这种短小童话故事的时候，父母和孩子变
得更加亲密了。因为有了和父母的温馨交流，孩子睡得也
更舒适。

·从手腕到额头的故事旅行

父母伸出手掌，从孩子的手腕开始，朝着孩子的额头

前进，按五段式进行一次故事旅行。和"五根手指的故事"创作方法一样，每移动一次造一个句子，直到碰触孩子的额头时，就用手轻轻地蒙上孩子的眼睛，道声"晚安"。孩子感受着父母温暖的声音和手感，会慢慢进入梦乡。

孩子讲故事的时候，父母应持有怎样的态度

如果今天是父母编故事，那第二天就让孩子来创造故事吧。孩子总是会编出一些天马行空、不像话的故事。这时，父母要持有以下态度：

·不要做文学评论家

绝对不要对孩子说的话做出"像话""不像话"之类的评论。请把重点放在孩子编故事这件事情上。

·当故事发展离谱时适当提醒一下

从"纸巾"开始的话题发散到"战争"上时，你要提醒孩子："等等……所以，纸巾怎样了呢？"将孩子的注意力带回故事开始的地方。这时孩子会说："对呀。所以……"然后重新抓住故事的中心再度展开讲述。

·整理孩子讲述的故事

听不懂孩子在说什么的时候，就用"也就是说，他拉了屎，被兔子踩上了……"这种简单的方式整理孩子的核心内容。通过这种方式，孩子也会锻炼出更有条理的表达能力。

为孩子读书：给孩子读书有什么好处

孩子睡觉前，父母做得最多的活动可能就是给孩子读书。都说这有助于孩子的语言发展，所以很多父母不仅是在睡觉前，白天也经常给孩子读书。有些父母说不太懂和孩子玩的方法，只能给孩子读书。读了太多的书，有时候嗓子都读干哑了。

那么，读书对孩子有什么帮助呢？帮助有很多，但被众多学者一致认可的有以下 8 种：

1. 词汇量增加，知识储备变多。

2. 思维能力等认知能力得到提升。

3. 对故事更敏锐。

4. 和给自己读书的人形成情感联结。

5. 自尊心会增强。

6. 培养在日常生活中解决问题的能力。

7. 想象力会变得丰富。

8. 养成爱读书的习惯。

当孩子还小的时候，比起让他们自己读书，父母陪着共读会更有助益。这样，孩子不仅更容易理解书的内容，还能自然地和父母进行身体接触，听着父母柔和的声音还能稳定情绪。因此，很多国家都强调在睡觉前给孩子读书的重要性，并持续不断研究其效果。

综合诸多研究，睡觉前父母给孩子读书有以下好处：

1. 孩子主动读书的意图会变强。

2. 父母和孩子可以更自然地交谈。

3. 孩子通过提问表达自己的好奇心，并和父母一起解决问题，让思考能力得到提升。

4. 反复阅读同一本书后，孩子会自己成为故事的创作者。

要读什么样的书，可以由孩子自己选择。如果孩子每天都要求你读同一本书，尽量满足孩子的愿望。如果是反复读过多次、孩子对内容十分熟悉的书，那可以在故事的高潮部分暂停阅读，稍作停顿，这样孩子会自己继续说出书的内容。通过这样的阅读方式，可以增加与孩子的互动。

读完一本书后，根据孩子的年龄提一些合适的问题。对 3 岁的孩子可以问"所以，兔子睡没睡呢"等重复事实的简单提问。但是，对于 5 岁以上的孩子，他们能够很好地理解上下文，因此，应该提出需要思考的问题。例如："如果灰姑娘当时没有逃跑，会怎么样呢？""如果兔子睡了一会儿就起来了，会怎样呢？"我们可以提出一些能让孩子表达个人想法的问题。

但是注意，问题不能提得太多。否则孩子以后看书时会有负担，会渐渐排斥阅读。另外，如果读书超过 15 分钟，也可能妨碍孩子睡眠。

孩子经常会要求："再读一本！"如果你满足他们的要求，那么就寝时间就会越来越晚。孩子既然提出这样的要求，一定是有理由的。你可以尝试用语言替代表达心声，用语言好好表达孩子当下的感受："宝贝不想让妈妈出去对吧？""你是不想睡觉对吧？""这个故事真的很有趣对吧？"然后你告诉孩子："但是我们今天约定好了只读两本书。不过不要担心，明天妈妈会继续给你读的。"并且认真遵守这个约定就可以了。

简单的游戏——增进关系的绝妙药方

　　简单的游戏可以缓解紧张，带来快乐。这是一种让孩子舒服、增进关系的绝妙药方。游戏虽简单，但无法自己玩。因此，父母陪伴孩子开心做游戏的时候，自然而然就建立起良好的关系了。

　　入睡前不宜做需要太多复杂程序的游戏或诱发过度竞争的游戏，否则只会延迟睡觉时间，对哄孩子入睡没有任何帮助。让我们来了解一下可以供孩子玩耍的简单又享受的游戏吧。

·"哪样更好"游戏

　　给孩子提示两种离谱的情景，让他去选择。例如："没有头发更好？还是没有牙齿更好？""胳膊和腿换一换好，还是眼睛和嘴巴换一换好？"这种一听就能制造出笑声的情景，任由孩子发挥想象。

父母可以和孩子轮流做选择。这样大家一起哈哈大笑后，孩子就可以安心睡觉了。

· 接话游戏

接话是孩子平时常玩的游戏之一，更适合5岁到上小学的孩子玩。睡觉前躺在床上进行简单的词语接龙，平时辗转难眠的孩子也可以在开心舒适的氛围中入睡。

· "去赶集"游戏

孩子先说"去赶集时，集市上有小黄鱼"，父母接着说"去赶集时，集市上有小黄鱼，有虾"……像这样，在孩子提及的名词上再添加其他内容。"去赶集时，集市上有小黄鱼，有虾，还有青花鱼。"这个游戏很简单，特别适合注意力涣散、冲动型的孩子在睡前玩耍。

· "哪根手指"游戏

我们的传统游戏"哪根手指"，是在孩子的后颈上贴上父母的一根手指，让孩子猜是哪根手指。通过简单的接触可以进行温柔的互动。

第6章
不同性情的孩子，
不同的睡前15分钟

我们有着自己的特性，也在面对这个宇宙里独一无二的孩子。睡觉前15分钟，如果仔细考虑孩子的特点，就可以更有效地与孩子互动。

育儿书有时候会让你在养育孩子时掉入陷阱，你会在不知不觉中相信，按照一本书做的话，所有的问题都会有解决的希望。

但是这样的希望破灭并不需要太长时间。当你遇到无法想象的现实时就会陷入疑问："为什么不行呢？书的内容有问题吗？我做错什么了？"

到底问题在哪儿呢？具有专业知识的作者专心致志创作的内容有问题吗？还是因为父母没有正确地实践呢？

事实上，养育是在父母的心和孩子的心之间自然交流的过程中完成的，所以只靠学习书本是有限度的。同时，按照书本实践却没有效果的原因之一，是你不知道自己孩子的特性，而采用了一般性的方法。

当然，也有一些对所有孩子都适用的养育方法，但是在有些情况下，如果不理解每个孩子独有的气质，你是找不到答案的。

睡觉前15分钟与孩子互动时，请酌情考虑孩子的个性，这样才可以更有效地与孩子互动。

敏感挑剔的孩子

> 孩子听到一丁点儿声音就会醒。看着好像睡得很熟，可我悄悄走出房间的时候，他马上就会醒来，我真的很累。有的时候，我抱着他他也哭，放下来他还是哭。真的，这种时候我挺讨厌孩子的，然后我就觉得自己不是个好妈妈，没有帮孩子形成健康的依恋关系，觉得自己很失败。

　　在育儿阶段，有一类孩子最容易让父母陷入困扰，就是敏感挑剔的孩子。他们在饮食、睡眠、穿衣、排便等很多事情上都不顺利。他们固执起来，根本管不了：有时会突然哭着打滚儿、发泄情绪，让父母感到惊慌；一时间得不到安慰，最后还会冲父母发火。

　　有的母亲甚至说，害怕和这样的孩子外出。他们见了生人就僵硬，无故耍赖，非常难办。有人给这些孩子起外号叫"母亲杀手"。仅从这一点，就可以看出抚养孩子是多么困难的事情。

一般情况下，对于婴幼儿，只要稍加观察，就会马上知道他们在想什么，现在心情怎样，为什么生气。可惜的是，对敏感挑剔的孩子来说，这些都很难掌握。因此，父母渐渐对孩子失去了信心。特别是这些孩子平时表现得聪明伶俐，父母甚至会怀疑，他们是不是故意这样做的。

敏感挑剔的孩子把父母扔进黑洞是有理由的。他们并非故意气大人，不是刻意坐在母亲的头上随便摆布她。这一切都是因为孩子的生物学天性——他们自己也束手无策。

这类孩子比其他同龄人更容易感知外界环境，特别小的刺激在他们身上也会放大，无法一笑而过。比如说，大家爱吃的软糯食物，他们会觉得口感不好、味道陌生，所以吃不下去；大部分的孩子躺在床上 20 分钟内会入睡，可因为敏感的孩子感官发达，连睡觉都会感知到外界刺激，所以很难入睡。

那么，我们来想一想，是养这个孩子的母亲更累呢，还是孩子更累呢？费尽心思拉扯这个敏感的孩子的母亲会说："当然是我更累了。"但我想，没有人会比当事者——这个孩子更累吧？特别是小时候，他们接触的刺激越多，就越难承受。

这种情况下，孩子最先遇到什么问题呢？是的，孩子最容易被不安的感觉所压倒。这种不安感不断折磨着他们，孩子非常不想面对这样的不安。所以他们只做自己熟悉的事，不接受细微的变化，也讨厌剧烈的变化。

这种行为是由不安产生的。因为这种行为看上去太过强烈，所以在外人看来这个孩子很固执。孩子咬紧牙关不听从母亲的话时，并不是故意要做出这种行为，而是为了避免折磨自己的不安感。当你知道这一点，看待孩子的视角就会不一样。那么，为了不让孩子被不安感包围，我们就应该告诉他们如何应对这些刺激。

敏感挑剔的孩子大多数都不容易入睡，他们简直是"入睡困难户"。他们大半夜会开着小车兜风，还骑着婴儿车在地下停车场徘徊。

如果总是这样的话，孩子和母亲都会因为睡眠不足而变得越来越敏感。有一位母亲诉苦说："老师，孩子总是睡着睡着就醒来，我连续三年都是假睡眠状态了。"

孩子越敏感，越应该帮助他找回好的睡眠，这样母亲和孩子才能健康地生活。那么，我们应该如何用睡前 15 分钟与这类型的孩子相处呢？

请理解孩子，他的行为皆是因为痛苦

不要把孩子的生物学特性视为情绪过激或固执，你反而应该去理解这些特性。只有当你理解了，才能有同感，这样才能找到适当的对策。你要有恻隐之心："我在旁边看着都累，别说孩子自己了。"当你能这样想的时候，再遇到孩子要赖，你就会温柔地对他说："虽然很困，但是睡不着对吧？这可如何是好呢？"

如果你不能理解孩子的这种特性，可能忍了几次后，忍无可忍就发火了："你怎么每天晚上都这样！我真是受够了！非得挨一顿揍再睡吗？"如果是这样，睡觉前的 15 分钟将是孩子和父母的痛苦时间。首先要理解孩子的特点，才能有坚持 15 分钟的力量。

逐渐帮孩子减少外部刺激

敏感的孩子对再小的刺激也很在意，所以总是过度警觉。也就是说，由于紧张，他们的整个神经都是时刻绷得紧紧的，只要稍微有风吹草动，就会有敏感的反应。这样的状态下孩子能睡着吗？和倔强起来的孩子能对话吗？所以，想在睡前 15 分钟和平共处，首先要减少诱发紧张感的外部刺激。

为此，至少在睡觉前 3 个小时的时候，就要将客厅的照明减弱一半，电视声音要调低一点儿，也不要让孩子蹦蹦跳跳玩得太兴奋。孩子无法控制自己的感觉，所以需要旁人帮助调节外部环境。

着重帮助孩子放松身体

对于因敏感而入睡难的孩子，首先要多关注他们的白天活动。白天多进行活动身体的游戏或活动，孩子能一边享受快乐，一边让感官均衡发展，进而全身心整体发展。敏感型孩子的感官发育多数是偏向一侧的。所以，父母要尽量帮助孩子在快乐中感受到舒适感。同时，做游戏时会持续运用到多种感官，也能很好地培养孩子的均衡感。

父母小时候也经常玩捉迷藏、木槿花开了等游戏，或者在运动场或游乐场玩耍，对此都颇有心得，可以很好地指导孩子做各种身体活动。父母也可以选择适合自己孩子玩的挑战性项目，如登山、攀岩、足球、游泳等，单杠、爬坡、拔河、云梯等活动也都不错。

如果孩子在白天得到充分运动，晚上就更容易期待睡眠时间。做好这些基础工作后，在入睡前的 15 分钟内进行以下活动，就寝时间就会变得幸福而舒适。

·让孩子有机会自己选择

睡觉时穿哪件衣服、盖哪条被子、枕哪个枕头、抱哪个玩偶等，让孩子自己做决定。通过这个过程，孩子在睡觉前的 15 分钟可以更放松更自在。

·充分利用球或玩偶

拿一个软球或内置软芯的小玩偶，让孩子用手去摸。孩子通过双手用力再放开这个手部动作，可以缓解紧张。

·紧紧拥抱孩子

请用力拥抱孩子，力度以胸部能感受到压力为宜。这样紧紧抱着孩子，给他们施加压力的话，孩子就会有稳定、平静的感觉，父母和子女的关系也会更好。

同理，比起用手轻轻抚摸，用整个手掌轻轻按压孩子，会让孩子更舒服。

·给孩子按摩

选择孩子喜欢的乳液或精油，适当用力进行按摩。这时，要顺着毛发生长的方向按摩，才能获得镇定效果。如果逆着毛发反方向按揉，反而会让孩子受到刺激，降低他们的安全感。

·充分利用靠垫或被子

让孩子躺在垫子上或者紧紧抱着靠垫来回翻滚，也可以缓解紧张，还能增进和父母的亲密度，有助于孩子愉快地入睡。

躺在柔软的被子上咕噜咕噜地滚动，或者如同紫菜包饭一样将被子卷在身上包裹自己，或者像厚厚的三明治一样盖上厚厚的被子，这些都能让孩子的心安定下来。

·避免进行刺激性活动

睡觉前最好不要进行太刺激孩子的活动。这种情况下，虽然当时很开心，但是睡梦中孩子可能还在玩。孩子的睡眠时间反而会减少，也会愈加疲倦。

特别是因为触觉敏感而不喜欢被摸或有轻微碰撞就会哭的孩子，更不能进行有瘙痒刺激的活动。这类孩子讨厌开玩笑，严重时甚至会生气。这都是他们不舒适的表现。你本意是想让他们有安全感，可结果却引发了孩子的不安。当孩子表现出拒绝的时候，不要强行将你的意愿施加于他们。

敏感挑剔型孩子测试表

以下是敏感挑剔型孩子常有的举动。如果您的孩子出现下方的一些行为，您就应该更加注重和孩子之间的沟通与交流。

婴幼期

· 对触觉、听觉、味觉等各种刺激非常敏感。

· 翻身、爬行、站立、行走等运动能力发展较晚。

· 入睡时间长，醒来时经常哭，睡眠不深。

· 不爱吃陌生食物，只吃很软的食物，不爱咀嚼，总是整个咽下去。

· 虽然平时经常活动，但真让他们运动时又很难。

· 活动缓慢，主要是躺着。

· 喜欢从高处往下跳，或者玩碰撞类激烈的运动。

· 不喜欢在手上涂抹乳液等。

· 因为衣服的材质或标签而抱怨、发脾气。

· 虽然喜欢朋友，但是在拥挤的环境和分组活动时很痛苦。

· 不擅长手工、涂色等细致的活动。

学龄期

· 注意力很难集中在一件事上，总是坐立不安。

· 不喜欢读书，不愿意把黑板上的字抄写在笔记本上。

· 不擅长像跳绳之类需要四肢协调的运动。

· 不喜欢集体生活，不合群，很难融入同龄人的队伍。

注意力不集中的孩子

> 　　我家小哲白天怎么玩都玩不腻，到了晚上却说很讨厌睡觉。他说不想静静地躺着，而且他躺着也睡不着。即使硬逼着把他推进房间，催他快点儿睡觉，他也会躺着踢脚，拼命挣扎。

　　注意力不集中的孩子会一直动，闲不下来。因为总是处于警觉的状态，他们也没有时间休息。他们要睡觉的时候总是辗转反侧，总是起来喝水或者去卫生间，外面电视里的声音也让他们很好奇……总之，他们很难入睡，有时候真怀疑他们屁股上有发动机。

　　即使勉强把他们撺到床上，他们的眼睛也一直睁着，睡不到 30 分钟又醒了。结果就是孩子早上起不来，睡眠不足导致专注力下降。在睡觉前好好利用 15 分钟的话，就能结束这样的恶性循环。

理解孩子可能真的睡不着

"妈妈让我进屋睡觉，我就躺在床上，但是睡不着，1个多小时都只是睁着眼睛。"注意力散漫的孩子来我这里咨询时经常说这样的话。他们自己也想睡觉，但是睡不着，他们不是为了反抗妈妈的话而故意不睡觉，是真的睡不着。

对于散漫的孩子来说，高觉醒状态会持续很长时间，如果不降低觉醒状态，孩子很难入睡。父母看着心烦，可真正痛苦的是孩子自己。理解孩子的性情比什么都重要。

好好利用白天的时间

孩子平时过度兴奋的话，下面几种活动会有帮助。

1．用吸管喝水或者饮料。

2．吃口香糖或果冻这种能细嚼慢咽的零食。

3．慢慢地深呼吸。

4．玩吹气球、吹蜡烛、吹肥皂泡等吹东西的游戏。

5．玩瑜伽球。（坐在瑜伽球上慢慢地上下移动，趴在瑜伽球上慢慢地前后移动。）

散漫的孩子在白天一定要多运动，进行充分的身体游戏。小一点儿的孩子可以多练习站立和爬行，再大一点儿的话，可以做跳跃、跑步、攀岩、登山、游泳等活动关节和肌肉的游戏。

要事要在上床前解决

散漫的孩子总是找借口离开床，比如突然说口渴，听到外面有一点儿动静就好奇想出去，或者想去厕所等，他们很难静静地躺着。

所以睡觉前要让孩子先喝水，先去卫生间，不要遗留需从被窝里钻出来去做的事情。另外，在房间外不要有电视的声音或说话声，以免分散孩子的注意力。

如果孩子总是来回走动，看着父母的目光更加炯炯有神，一看就是"想再玩一会儿"——没关系，玩就玩吧，15分钟很快就过去了。

玩全身用力然后放松的游戏

调节活力四射的孩子的力量，让全身肌肉僵硬再放松的游戏很有帮助。

对躺在床上的孩子说："头部用力。现在，头部放松。这次在眉毛上用力。好，现在放松。"让身体的各部分先硬挺起来，然后再放松。通过这样的运动，孩子的兴奋度会降低，很容易入睡，和父母的关系也会好起来。

玩铜像游戏

在孩子躺着的状态下，移动孩子的身体，摆出某个动作。让孩子像铜像一样保持那个姿势，安静地待 1 分钟。这样也能让身体先僵硬后放松，十分有效。接下来重复同样的步骤，坚持 2 分钟左右。可以摆和之前一样的姿势，也可以做别的动作，让孩子摆出自己想要的姿势就可以了。

反过来让孩子给父母的身体摆造型也可以，但是给孩子太多机会的话，孩子会异常兴奋，反而不想睡觉，会继续嚷着玩。因此，尽量避免让孩子给父母摆铜像造型。

不安感高、忧心忡忡的孩子

睡觉前孩子害怕"怪物来了怎么办"，听到一点儿小声音也很紧张害怕。不知他怎么有那么多心事，他又开始诉苦："如果有小偷进来怎么办？""明天朋友们不陪我玩怎么办？"

人类最基本的情绪之一就是不安。但是孩子有父母这个坚实的后盾，可以放心地去探索周围的环境，依靠父母的支持慢慢调节内心的不安感，拥有生活下去的自信。

但是，如果孩子有敏感而挑剔的特质，或者没有形成稳定的依恋关系，或者经历了冲击性的事件，等等，在睡觉时就会无法轻易入睡，他们会在各种担心和不安中战战兢兢。

这种不安和压力会妨碍孩子睡眠，会导致孩子无法处理好学习、交朋友等日常生活。孩子第一次说出不安的时候，父母都会倾听，并告诉他"不会发生那样的事情"，但是孩子每天晚上都重复的话，父母也不知道该怎么办才好。

那么，如何让不安感高、忧心忡忡的孩子睡得安稳呢？

制定日常化的规则

总是不安和担心的孩子在遇到意料之外的状况时，会更加慌张。因此，孩子的日常最好有规律性。事实上，这些孩子在白天已经够慌乱了，过得战战兢兢，幼儿园里发生的很多事情都不像孩子自己预想的那样。

所以，在家里一定要制定日常规则，让孩子能够预测和判断。比如晚上一到 8 点 50 分就换睡衣、刷牙、洗脸、选一个玩具、选择父母要读的书等。制定这种规则并每天遵守非常重要。

提前 20 分钟提示睡觉时间

如果快到睡觉的时间了，请告诉孩子："好，20 分钟以后要去睡觉啦！""还剩下 10 分钟！""还剩下 5 分钟！"像这样提示时间，孩子就可以预测接下来发生的事情，并且做好心理准备。

引导孩子深呼吸

内心不安的孩子，身体也容易僵硬。这时，帮助孩子放松身体，可以让他们更舒服地入睡。试着做以下步骤，让孩子感受到自己的呼吸和身体的变化。

1．躺直，闭上眼睛，把手放在自己的肚子上

"两只手舒服地放在肚脐上。"

2．深深吸入一口气，慢慢呼出去

"妈妈数一、二的时候吸气，数三、四的时候呼气。"

3．这时，用手感受一下肚子的移动变化

"来，吸气后肚子鼓鼓的，呼气后肚子一下子就陷进去了。"

做一个"烦恼娃娃"

让孩子选择一个玩偶，然后说："以后你把自己的烦恼都告诉它吧。这个娃娃会帮你保守秘密，不会把你的烦恼告诉别人。"

睡觉前把玩偶放在父母和孩子之间，和玩偶一起听孩子说话，然后告诉孩子："布娃娃（也可以给它取个名字），听到了吗？现在这个烦恼只你知道哦。既然烦恼给了布娃娃，今晚就不要担心了，好好休息吧！晚安。"孩子不仅对父母说了内心的话，而且眼前还有一个能分担自己烦恼的对象，这样孩子就可以更加安心地睡觉了。

想象一下去旅行

让孩子闭上眼睛，发挥视觉、听觉、触觉充分想象一下。

"宝贝，现在我们去辽阔的海边吧。脚底板踩的沙子有点儿粗糙。凉风吹来，我们渐渐靠近大海。啊，大海的味道咸咸的。天上飘来一朵云……"

描绘风景要足够详细，这样孩子能放飞想象。通过这样的过程，孩子因担心和不安而变得僵硬的身心会得到缓解，变得更加舒服。

有自慰行为的孩子

> 有时候我以为孩子在睡觉，可仔细一看，孩子竟然在摸自己的性器官。刚开始，听周围人说遇到过这种情况，有些人建议假装不知道，所以我就没管，但是孩子现在好像越来越严重了。

发现孩子有自慰行为时，父母肯定会非常慌张。如果是别人家的孩子，还可以淡定地说："哎呀，好几岁了这样也正常。"可一旦自己的孩子经常做这种事，大家就不淡然了，脑袋里充斥了各种各样的想法和担忧。

因为孩子自慰来咨询的家长表示很不安，说："这样下去，孩子对性太渴求了怎么办？"但是孩子的自慰行为和大人所想的"性概念"有点儿不同。

孩子的自慰并不是对性贪恋，而是"安慰自己的行为"。孩子还不太懂如何自我安慰，想得到更成熟的长辈的温暖对待却不如愿的时候，他们就会自己动手安慰自己。

孩子通常会在准备睡觉时、刚睡醒时、无聊时进行自慰。而这些时间段，是他们最需要父母陪伴的时间。这时候孩子如果过于安静，那过去观察一下，很可能会发现他们是在一边吃着拇指一边摸性器官。

但也不用因为这样，父母就24小时和孩子在一起，时刻监护孩子。因为，人总会有聚有散。但是当人内心有压力、需要安慰的时候，最好是能和信任的人在一起。在孩子需要陪伴的时候，父母一定要给予孩子心理上的安慰。

睡觉前15分钟，如果父母和孩子能坦诚相待，以真心换真心，孩子就会体验到温暖的安慰。有了这种高质量的互动，孩子的自慰行为将逐渐减少。

传达想陪伴孩子的信号

发现孩子自慰后，有的父母会吓唬孩子说："那样会掉的。""那样会长虫子的。"说了多次不见效后，父母就会暴怒："我说了不能这样！"

其实父母不用这样面斥孩子，给孩子传达"我想和你在一起"的信号就可以了。一般，孩子自慰完一会儿就忘了。不要因为一次自慰，就过于严肃认真。

找到原因，提出应对方法

事实上，如果孩子专注于自慰行为，一定是有原因的。比如说，被大人太多触碰过的孩子，很难忍受独自一人的寂寞。所以，平时应该引导孩子多做一些不需要大人帮助自己就能做的事情。

平时感到紧张的孩子，可以做各种伸展运动，或者在温水里泡一下，缓解紧张。像这样，首先了解孩子自慰的原因，然后找出相应的应对方法。

找到能满足孩子欲望的对策

如果孩子在自慰时感受到放松，那就会继续寻找这种刺激。因此，不要总是骂孩子，而是应该找一找能让孩子感到更舒服的事情。

特别是孩子睡前常自慰的情况，睡觉前 15 分钟就是父母的好机会。这时，孩子需要比自慰更让自己舒服的替代性活动。不管是什么，只要是孩子喜欢、有满足感的活动就可以了。

禁止做过激的运动

有人想："累了就不会自慰了，很快就会睡着吧？"入睡前让孩子进行一些激烈的运动。但是有经验的父母已经知道了，这样做孩子并不会轻易睡着。

睡觉前如果使孩子兴奋，只会推迟入睡的时间，这样就更难制止孩子的自慰行为了。不要想着将孩子的精力耗尽，而是要减少对孩子的刺激，帮助他们安然入睡。

没有妈妈就睡不着的孩子

> 孩子睡觉的时候一定要摸着我的头发才能睡着。一天两天也行啊，可她已经养成了习惯，不摸着就睡不着。有些日子我也挺心烦的，不让孩子摸，孩子就会发脾气，用力拉扯我的头发。

　　婴儿期，孩子趴在妈妈肚子上摸着妈妈睡觉，妈妈也没有太大的负担；但年龄大一些之后，孩子还贴在妈妈身上的话，妈妈就会慢慢烦躁起来。睡觉时想摸着妈妈的孩子，一旦不如愿，就会突袭，非要摸上一摸。像这样，就算是自己的孩子，你也会感到不快。

　　只有知道孩子为什么会这样，才能找到对应的策略。

　　这种行为大多是因为害怕和妈妈完全分离而产生的。闭上眼睛后，世界上所有的东西仿佛被剥离了、消失了。对于小孩子来说，和谁分离最令他害怕呢？当然是妈妈。

因此，他们会在潜意识里缠着妈妈，因为只有和妈妈接触，孩子才能感觉到和妈妈的联系没有断。

怎样才能告诉孩子，即使闭上眼睛，妈妈也不会完全消失呢？没错，用游戏来告诉孩子就可以了。一边玩一边学到的东西与被说教灌输的东西不同，孩子会自然地感受并习得，所以边玩边学的效果比任何方法都要棒。

对这样的孩子来说，最重要的是"对象持久性"，即让他相信："虽然我看不见，但对方并没有消失。"也就是说，即使孩子闭上眼睛，也知道妈妈就在那里，并没有消失。这样，孩子才能闭上双眼入睡。

下面的游戏可以很好地培养这种概念。睡觉前 15 分钟玩这种游戏时，千万不要忘记：避免让孩子过度兴奋。

· 捉迷藏游戏

能培养对象持久性的巅峰游戏就是捉迷藏。把手伸进被子里摸摸孩子的胳膊，说："咦，我们 ×× 的胳膊去哪儿了？"孩子会忍不住发笑，并伸出胳膊说："在这里。"然后你回答："哇哦，原来在这里啊！"这就可以了。然后你用手捂住孩子的眼睛，问："我们 ×× 的小豆眼儿去哪里了？"尝试一下用这种方式互动游戏吧。

特别是晚上离不开妈妈的孩子，白天可以和他们一起多玩玩捉迷藏、寻宝之类的游戏，会有很大帮助。

·"眼睛在哪里？在这里"游戏

妈妈用低沉的声音唱："×× 的眼睛在哪里？在这里！"然后妈妈轻轻抚摸孩子的脸或身体。这样，孩子就会感到和妈妈连在一起，并感到很放心。

·"晚安"游戏

妈妈摸着孩子的头说："晚安，头发！""晚安，眉毛！"向孩子的身体一一道晚安。通过这种游戏，孩子会感受到渐渐和妈妈分离，自然而然就睡去。

缠着父母继续念书的孩子

睡觉前我会给孩子念书，可是她睡得越来越晚了，也不让我出去，一直缠着让我念书。有些日子，我都分不清孩子是真想听书，还是因为不想让我出去才耍赖。

父母给孩子读书时，有的孩子毫无兴趣，扭头就做其他事；可有的孩子却要缠着父母多读 20 本书。刚开始，父母以为孩子喜欢读书，所以就一直读下去，可当孩子要求的册数越来越多时，读书就变成了负担。孩子睡觉的时间也晚了，对第二天的生活产生了不良影响。

但如果断然拒绝的话，孩子不能接受。所以，首先要找到孩子缠着读书的理由，并根据这个理由想出适当的对策，这样每晚的读书时间就会顺畅多了。

找出理由，并把它说出来

请先仔细观察一下，孩子缠着父母多念几本书，是因为不想和父母分开才要赖？还是因为自己睡不着所以想继续听？在父母看来不像话的理由，可能是孩子最迫切的心理需求。

这时，父母一定别忘了用语言把孩子迫切纠缠的原因说出来："你是不想爸爸妈妈出去吧？"这就是"读心"。通过这样的"读心术"，孩子就会感觉如同闷热时突然传来一阵清凉，下意识里觉得父母很懂我，进而听从父母的话。

理解孩子的内心，并适当加以限制

理解孩子的内心，并不是让你原封不动接受孩子所有的行为。"宝贝希望妈妈一直陪在你身边是吧？好，那我就一直念到你睡着为止。"这样说的话，是不是感觉像个亲切的好妈妈？绝对不是的。这样做下去，最后妈妈一定会疲惫、会生气。孩子反而还会哭哭啼啼地纠缠，直到妈妈听从了自己为止。这时候，妈妈和孩子都会身心俱疲，夜晚也就不那么美好了。

所以，不要卷入这种斗争中。遵守睡前 15 分钟原则，并且保持一贯的态度："但现在是睡觉的时间了。我们约好只读一本书的，现在时间到了。不过别担心，明天早上一睁眼，你就会看到妈妈了。晚安！"

经常做噩梦、容易失眠的孩子

孩子说昨晚做了噩梦，怕今晚又继续做噩梦，怎么都不肯睡觉。我怎么劝他都不管用，孩子总是不安宁。

儿童的认知能力与成年人不同，他们容易接受外部的情况。其中最具代表性的表现就是以自我为中心做判断，无法区分现实世界和虚拟世界。妈妈过生日的时候，他们不会送妈妈需要的东西，而是送自己喜欢的糖果做礼物；还有在梦里看到怪物后，就感觉怪物马上会出现，也与此有关。

因此，"没事的，怕什么"，这种安慰的话，只能说是站在大人立场的对策，对孩子并没有什么用。让我们来了解一下如何利用睡觉前 15 分钟解决这个问题。

要意识到孩子真的很害怕

孩子睡觉时，真的很害怕那个怪物出现。要明白，他们和成人不同，正处在一个容易接受各种刺激的发育时期，如果你能理解这一点，就会更加理解孩子的心情。

"哎呀，那个怪物又来了？这可不行！它总是让我们××害怕，这可怎么办！"父母用语言表达，陪着孩子一起设身处地去害怕的话，孩子的内心会变得舒服。然后明确地告诉孩子，父母会保护他："看它敢再出来试试！爸爸妈妈一定把它干掉。竟敢出来吓唬我们××，决不轻饶它！"

如果这样还不够，父母可以和孩子商量对策。如果孩子还是担心，你可以和孩子聊一聊如何才能打败怪物："你觉得怎样好呢？如果梦里又遇到它，你就拿着这个当打鬼棒把它撵走可好？"有了这个对策，孩子就能安心许多了。

平时不要给孩子讲吓人的故事

不要为了让胆小的孩子更听话，总说威胁性的话："再不听话老虎就来抓你了哟！"当然也不要在睡觉前给他们读恐怖的童话故事。

睡觉前 15 分钟，请讲一个勇敢、智慧的故事吧。比如英勇的王子穿越丛林去解救漂亮的公主，或是智慧的少女机智地战胜困难。这种故事能够改变孩子的梦境，让他们变得更勇敢。

白天和孩子一起玩击退梦里怪物的游戏，也很有帮助。这种事情如果只放在晚上处理，有时候是解决不了的。

第7章
培养父母的角色自信

孩子的自尊心很重要，爸爸妈妈的父母角色自信心也很重要。只有父母对自己的角色充满信心，才能更加积极地培养子女。为此，首先要找到我们身为人父人母的积极力量。

很多父母抱着"至少得比我们强"的心态抚养孩子，但是现实总是不遂人愿，所以他们渐渐丧失了养育的信心。

有一位母亲说："老师，我活这么大，还没遇到过这么不顺的事情。父母慈祥，学习也不差，工作几年后遇到老公结婚……我一向没有什么特别差的事，可为什么养孩子这么难呢？这真的是我人生中遇到的最大的难关。看着带给我这么多痛苦的孩子，我内心很累，甚至会感觉讨厌孩子。"说着说着，那位母亲开始流下眼泪。

那么，父母真心真意想要抚养好孩子，也为孩子做了很多事情，可为什么不能如愿呢？他们读了无数育儿书，看了无数讲解养育方法的电视节目，也模仿过专家们的语气，把他们的方法原样应用在孩子身上，可是孩子竟然没有什么改变，育儿越来越难。在这种情况下，还要求父母在睡前的15分钟与孩子互动，很多人都会感到有压力。

不要因为一时不见效就感到挫败，要提升身为父母的角色自信心，就要先夯实基础。只有父母对各自的角色充满信心，才能更加积极地培养子女，不是吗？

何为不称职的父母

　　任何人都不可能在完美的环境中完美地成长，况且我们当下所处的情况也不是完美的。"完美"在人类世界几乎是不可求的，我们想尽办法努力前进，但总是有一些东西会绊住脚腕。只有先仔细检查这些绊脚的东西，才能有效地解决问题。

　　这里我给一个简单的提示：从下图我们能看到影响父母养育态度的因素有哪些，进而知道自己不足的地方有哪些。只有客观地进行自我评价，才能解决问题。

　　请自我检讨一下，下图里对你来说最薄弱、最困难的部分。小时候的经历成为现在抚养孩子的绊脚石了吗？身体健康状况不好，无法身体力行去照顾孩子吗？夫妻关系恶劣，导致你无暇解决育儿问题吗？家中孩子众多，无法一碗水端平地照顾到每个孩子吗？

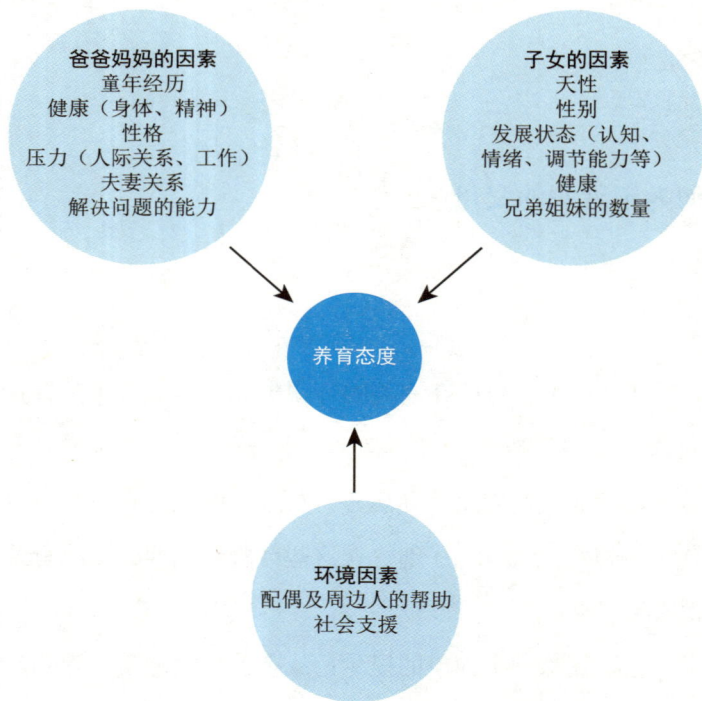

影响父母养育态度的因素

一到晚上孩子就开始闹腾，管不住他们时就打骂一顿吗？孩子太敏感，一丁点儿动静也能吵醒他们，让你对孩子失去耐心了吗？自己这么辛苦，却没有人能帮助你吗？丈夫平时忙得连个影子都看不见吗？

所有这些情况都会影响妈妈的养育态度。白天使出吃奶的劲忍耐着，可到了精力枯竭的晚上，妈妈也会崩溃、大发雷霆。

在这些因素中，最最让你痛苦的是什么？请大家一定要静下心来好好想一想。只有抽丝剥茧，弄清楚自己的问题所在，才能去解决问题。当然，所有的问题都是错综复杂的，我们只有找到最主要的原因，才能解决后面的问题。

独自辛苦的时候，记得去请求帮助

　　恐怕没有一个人能信心满满地说，前面这些因素完全与自己无关。如果真有那样的人，他一定是在撒谎。"我小时候没得到过父母的照顾，不知道该怎么对待自己的孩子。"这是我从业二十多年听过最多的话。有些人会愤愤不平："我也第一次当父母，怎么会知道呢？"有些人丧失了信心："我读了 100 多本育儿书，还是理解不了自己的孩子。"

　　有的妈妈说："我真的尽了全力，但是丈夫一点儿都不帮我，我好想放弃。"有的妈妈说："孩子太挑剔了，我拿他毫无办法。我肯定是上辈子欠了他。"

　　"我很想集中精力与孩子沟通，可是当我跟老大做点儿什么时，老二就闲不住，我实在是太累了。""我用尽各种方法想让孩子学习，可孩子根本不听我的，简直气死我了。"诸如此类，听了父母的讲述后，作为咨询师的我都快要泄气了。

面对这样那样不顺利的养育状况，怎么才能让父母对自己的角色有信心呢？如果父母的养育效能感下降的话，就无法开心地养孩子，在这种情况下，还谈什么睡前 15 分钟的互动呢？那简直就是雪上加霜。

陷入泥沼的时候，如果一个人挣扎，只会越陷越深。这时候要尽快找到能抓住的救命稻草，帮自己脱身。我们不能独活于世，只有互相合作，才能幸福地生活。因此，请尽快寻找身边能帮你的人或资源。

许多研究表示，周边的帮助、教育咨询等是提高养育效能的良好措施。如果另一半不能马上给予帮助，就要放下身段去接受周围亲戚的帮助，就像那句谚语所说："养育一个孩子，需要一个村子。"

当你真的需要帮助时，接受"教育咨询"也会起到很大作用。父母的内心健康起来、充满能量的话，孩子也会改变，另一半也会跟着改变。比起伸长脖子等待别人改变，不如先改变自己，这样更容易。努力改变自己吧，这才是让自己幸福起来的捷径。

先解决夫妻之间的不和

想和孩子度过美好的睡前 15 分钟吗？那么首先，父母的心情要平静、和谐。如果夫妻之间的矛盾很严重，就很难维持这种平静。

我给很多人做过咨询，其中很多孩子因为父母不和而痛苦不堪。父母一吵架，孩子就会钻到饭桌底下蹲着，或者走进房间里看书。

严重时，孩子可能会用头撞墙，或者愣愣地躺着最后睡着，或者哭哭啼啼地缠着父母。看到父母吵架后，孩子晚上会做噩梦。他们来见我的时候，常常是面无血色，有时还会皮肤发黑、神色黯然。

最近，很多研究人员主张，夫妻关系不和在孩子面前不加掩饰，就是一种变相的虐待儿童。在这种情况下，孩子很难拥有什么美好的时光。有这样的父母，睡觉前 15 分钟想做点儿什么也很难。虽然父母知道夫妻问题会对孩子产生影响，可是也无济于事，他们多数时候是无法控制自己的。

如果你们真的不想离婚，还想保护孩子的话，就不能放任不管，一定要努力克服困难。夫妻商谈是很好的解决方法。但是有些人在咨询了几次后就放弃了，说："丈夫不想做。""咨询也没用，一点儿变化也没有，就是浪费金钱、浪费时间。"

要知道，长期积累的问题不可能通过几次的商谈就能彻底解决，商谈不是立竿见影的特效药。夫妻的问题越复杂，就越应该和专家一起努力去克服。看到父母努力的样子，孩子也会如同吃了定心丸，慢慢成长为内心坚强的孩子。

和孩子保持适当的心理距离

"老师！这样称赞孩子才能提高孩子的自尊心是吧？""老师的节目我一个不落地看了，您说教训孩子会让他自尊心下降是吧？所以我现在基本不教训孩子了。""我真的很想成为一个好妈妈，所以总是尽快了解孩子的需求，尽最大努力去满足他。"

来找我咨询的母亲中，有很多人表现出这种过度的养育态度。我从没说过"为了提高孩子的自尊心，不能教训他们"，刚好相反，我建议大家"不可行之事一定要态度坚决，但是要态度亲切地、反反复复地去教导"。

为什么会出现这样歪曲的理解呢？和这些父母沟通时，我发现他们大部分都会回忆自己的过去："老师，其实我小时候……""因为我小时候没有受到很多称赞……""我的自尊心很低……""因为父母对我没有太关心……"最后他们痛哭流涕地离开。

这些人小时候没有得到父母足够的关心，他们内心缺失安全感，所以下定决心："一定不能让我的孩子再承受这样的伤害。"我想，这些家长也一定会诚实地将本书中介绍的方法一一加以运用。这时，有几个事项需要大家注意。

给孩子他们真正需要的东西

"小时候受到的伤害"在父母心中占据很重要的位置，他们很容易忽略"自己眼前的孩子真正的需求"。父母容易主观地做出判断："孩子现在 1 岁了，需要……""现在……我的孩子一定需要这个。""我遇到这种情况时就很伤心，所以我的孩子肯定也一样。"

父母有时无法站在孩子的立场上去思考，他们更多想到的是自己小时候的样子，想把自己当初想要的东西都送给孩子。如果父母给的刚好是孩子现在想要的，那就没有任何问题，否则就会产生各种副作用。最糟糕的情况是，当孩子说出"妈妈你懂我的心吗？妈妈你为我做过什么"这种爆炸性言论，而妈妈哑口无言时，孩子会万分受挫。

现在请大家记住，我们眼前的孩子和我们自己完全不同，是和我们完全不同的个体。也许我们经历过相似的事情，但那绝对不是一模一样的。

这样思考，能让我们和孩子形成一个安全的心理距离。

然后通过睡觉前 15 分钟的短暂对话或互动，帮我们看清孩子真正需要的是什么。

过度的反应容易让孩子受挫

虽然"称赞能让鲸鱼跳舞"，但如果孩子一说话就做出"哇哦""天哪""我的天"等过度的反应，孩子就会在听不到父母感叹的时候受挫，还会默默看父母的眼色。

这样一来，孩子为了得到称赞，就会挖空心思去想怎样做能让别人喜欢，让别人感叹。他们会忘了自己的需求，一心去努力迎合别人的欲望。当孩子夸奖自己时，父母可以从旁说句"看到自己这么努力，自己也感到很满意对吧"就足够了。这样，孩子就会自然地把焦点放在自己的生活上，而不再为了迎合别人而虚度光阴。

一定要好好利用睡觉前的 15 分钟

跟着这本书实践时，一定要记住 15 分钟这个时限。通常，如果就寝时间推迟的话，整体的睡眠时间就会减少，入睡也变得困难，这对孩子的发育会产生负面影响。

有的日子里，孩子恳求你多读几本书；有的日子里，他会缠着你多说几句话；有的日子里，他还会哭闹着要和你玩五指游戏。每当这个时候，你就告诉他："别担心，明天会做的，现在你要做的是睡觉。"你就告诉孩子，只有这样，明天才能幸福地度过。

　　睡觉前的 15 分钟绝对不能让孩子太兴奋，也不要给孩子过多的刺激，或者厉声教训孩子。

父母要自我称赞和自我鼓励

睡觉前 15 分钟和孩子一起躺着，让孩子讲述自己一天中值得称赞和激励的五件事，然后父母自己也要说出值得称赞和激励的五件事。

当我说"请写下自己值得称赞的五件事"时，有些母亲犹豫半天才写出两个左右，然后说："老师，我怎么想都想不到。"这类母亲大多数也找不到孩子的优点。就算她们说找到了，也很可能是随便编的。因为她们只是碍于大家说"称赞"好，才硬着头皮凑数而已。总是这样的话，孩子会发现母亲说话不真实，并且不再相信母亲的称赞。这样的对话在睡觉前的 15 分钟也就无法实现了。

只有父母能发自内心表扬和鼓励自己，孩子才能真正地称赞自己。现在，我们一起想想办法吧。

从很小的事情开始找起

想鼓励孩子一天的辛劳，帮孩子积聚力量，父母首先要先找到自己的积极力量。从今天开始，看着镜子练习吧，跟自己说"今天辛苦了"，然后摸摸自己的头。

如果让你回忆一件自己做得很伟大的事，恐怕你也想不起来。先从很小的事情开始吧，找一找激励自己的事情。"今天我煮了一碗豆芽汤，全家人都吃得很香。做得真棒！"父母寻找生活中的小事鼓励自己的样子，会给孩子带去正面积极的影响。

多关注过程，不纠结结果

很多人轻易找不到自己值得称赞表扬的优点，我想，这很可能是因为大家不理解称赞的概念。如果大家只盯着当天工作的结果，可能真的没什么值得称赞的。请稍微改变一下观念吧。

首先，想一想："今天我做了什么样的努力？"我们努力就一定能成功吗？不，只有不畏惧失败、不气馁，才能找到解决的方法；然后通过踏踏实实去反复实践这个过程，最后才能成功。父母要以身作则，不追逐结果，多关注过程，多多向孩子讲述自己努力的过程："今天我做了……的努力，所以想称赞今天如此努力的自己。"如果拥有这种态度，睡觉前的 15 分钟对父母来说成了自我治愈的时间，对孩子来说也是一个很好的价值观养成的时间。

多关注行动，不品评人品

在睡前 15 分钟寻找自我激励的优点时，最好不要像"妈妈很聪明""妈妈太善良了"这样把话题重点放在人品上。如果以后不做那种事，妈妈就是坏人、就是愚蠢的人了吗？当然不是。"我很努力，所以我真了不起！"这就足够了。你也可以说："我对努力做某事的自己感到很满意！"表达清楚自己对某个行为的感受就可以了。

不断激励自己，会使父母对自己产生好感，渐渐感到心里踏实起来。和这样的父母一起度过 15 分钟，孩子的心理也会很健康。

不要和别人做比较

希望每一位父母记住，平时鼓励自己的时候，不要以"我比邻居家的妈妈强一点儿""我竟然比不上邻居家的妈妈，真是岂有此理"的方式，将自己与邻居妈妈做比较。当然，我们有必要观察别人的行动，以及别人普遍的、客观的标准是什么。但是如果使用"你做得更好""我做得更好"这种方式来比较的话，很难和别人形成良好的互动氛围。

在睡觉前 15 分钟与孩子的对话中，不要持有这种比较态度。这种比较意识会让你无法活出自我，生活的幸福感也会降低。如果孩子也有样学样，跟你学到处攀比的处事方法，那孩子也无法活得潇洒快乐。如果非要比较的话，请将昨天的我和今天的我做比较，找出自己的进步和需要更加努力的地方。

请高喊：明天的太阳依然会升起

在《飘》这本书中，斯嘉丽·奥哈拉在失去一切的绝望瞬间说："明天的太阳依然会升起！"是的，就算今天累到极致、身心俱疲、犹如腌在盐里的白菜一样，可我们依然会有崭新的明天，全新的开始。明天的我和孩子，一定比今天更优秀。

只要你坚持每天播种一点点，总有一天你会发现，自己种下了一大片稻田。只要我们不忘责任感，认真地过好每一天，明天的太阳一定会照常升起，孩子和父母都会进步、成长。

尾声　和孩子一起整理幸福的一天

　　从事咨询工作 20 多年，我遇见过很多父母。每个人都有很多的烦恼，但让大家普遍感到无力的，是孩子不好好吃、不好好睡、不听话。

　　很多人说，孩子不听话还可以加以责备，总能找到方法，可不吃不睡就拿他们没辙了。特别是当孩子晚上不想睡觉时，父母不仅要忍受积累了一天的疲惫感，还要被孩子折腾，这样的夜晚简直就是煎熬。所以大家都迫切地想找到解决这一问题的方法。

　　其实，只要能和孩子度过一段美好的睡前时光，父母就能消除一天的疲劳，也会从孩子身上体会到莫大的满足感。这不需要特别长的时间，只要 15 分钟就可以了。

　　如果因为白天和孩子相处的时间太短，或者因为孩子说睡不着觉，就在睡觉前一起玩耍太久的话，反而会妨碍孩子的健康成长。不仅如此，父母的休息时间会更少，疲劳程度直线上升。

　　睡觉前的这段短暂的时间，既能展开一场无休无止的斗争，也能成为最美妙的结尾，带大家进入美梦，这取决于我们如何去度过。

　　这本书首先讲述了每天睡前 15 分钟的共处给孩子带来的情绪变化，以及孩子和父母睡前共处 15 分钟的意义。然后，以父母经常咨询的儿童睡眠问题为重心，尝试寻找如何理解孩子的方法。

　　孩子很难入睡有各种各样的理由，不能只怪孩子，也不能只怪父母。这本书总结孩子和父母双方的原因，并提出多种方法，以便能够顺利地解决问题。如果根据实际情况灵活运用这些方法的话，孩子和父母都能更好地理解彼此的心意，亲子关系也会有长足的进展。

　　如果你现在有育儿难题，那么请在睡前的 15 分钟里认真倾听孩子的内心，将你的全部注意力聚焦在白天忙得无暇顾及的孩子身上，并把全部精力集中在孩子身上。孩子真正需要的是和父母建立良好的关系。但是，育儿的事情很难立竿见影，父母需要每天睡觉前都要陪孩子 15 分钟。当孩子看到父母做出的努力，就会感受到深深的父爱母爱，然后健康茁壮地成长。

希望这本书能成为所有父母的好向导，希望所有的父母和孩子都能幸福地度过每一天。